数字金融理论与实践研究

曹 杰 著

中国商务出版社

图书在版编目（CIP）数据

数字金融理论与实践研究 / 曹杰著. -- 北京：中国商务出版社，2023.8

ISBN 978-7-5103-4689-7

Ⅰ．①数… Ⅱ．①曹… Ⅲ．①数字技术－应用－金融业－研究 Ⅳ．①F83-39

中国国家版本馆CIP数据核字(2023)第068436号

数字金融理论与实践研究
SHUZI JINRONG LILUN YU SHIJIAN YANJIU

曹杰　著

出　　版	中国商务出版社
地　　址	北京市东城区安外东后巷28号　　邮　编：100710
责任部门	发展事业部（010-64218072）
责任编辑	李鹏龙
直销客服	010- 64515210
总 发 行	中国商务出版社发行部（010-64208388　64515150）
网购零售	中国商务出版社淘宝店（010-64286917）
网　　址	http://www.cctpress.com
网　　店	https://shop59663922.taobao.com
邮　　箱	295402859@qq.com
排　　版	北京宏进时代出版策划有限公司
印　　刷	廊坊市广阳区九洲印刷厂
开　　本	787毫米×1092毫米　　1/16
印　　张	10.75　　　　　　　　　　　　字　数：230千字
版　　次	2023年8月第1版　　　　　　　　印　次：2023年8月第1次印刷
书　　号	ISBN 978-7-5103-4689-7
定　　价	84.00元

凡所购本版图书如有印装质量问题，请与本社印制部联系（电话：010-64248236）

版权所有盗版必究（盗版侵权举报可发邮件到本社邮箱：cctp@cctpress.com）

前　言

　　在实践中，数字金融在提高金融体系效率的同时，也为货币体系和金融系统的稳定性带来了挑战。数字金融的特征使其风险具有二重性，既具有传统金融面临的风险，也有其风险特殊性，如信息科技风险、长尾风险等。而数字金融的风险程度和风险传染性问题同样值得监管层面关注。一是由于数字金融存在技术依赖、安全系统保障缺失等问题，其风险比传统金融更为复杂；二是数字的远程及快速处理特点在提高金融体系效率的同时，也加速了支付、清算等金融风险的扩散。此外，隐蔽的交易、虚拟账户的使用都使得数字金融引发的风险不易被观察，而风险外溢、交叉、传染将影响金融系统的安全性。这对我国现行的金融监管框架而言，是一个很大的挑战，它不仅牵涉到监管模式的变化，还涉及金融消费者权益的保护。如何平衡、适度地运用相应监管方法，完善金融监管框架，在鼓励金融创新和金融安全之间实现平衡，在提升金融效率的同时达到宏观金融稳定的平衡，是本书主要研究的内容。

　　本书从金融产品创新、金融市场创新、金融机构创新及金融制度创新等层面考察实体经济产业链条优化、空间拓展、产品及服务升级等金融支持的作用方式与影响路径，提出了许多新观点、新判断。为了更好地促进金融创新推动产业结构升级，本书从需求、动力、能力、协调等层面，提出了相应的对策建议。这些理论创新和对策建议将有助于推动目前我国金融体制改革和产业结构的升级。

　　由于笔者水平有限，撰写时间仓促，书中难免会出现一些错误或者不准确的地方，恳请读者批评指正。

目 录

第一章 绪论 ··· 1
第一节 金融服务的相关认识 ·· 1
第二节 网络金融与电子货币 ·· 6
第三节 电子金融的产生与发展 ··· 17

第二章 数字金融的基础理论 ··· 22
第一节 数字金融的相关概念 ·· 22
第二节 数字金融理论基础 ·· 23
第三节 数字金融的风险识别与分类 ·· 25

第三章 数字金融服务的主要技术 ··· 28
第一节 现代数字金融技术特点分析 ·· 28
第二节 区块链与数字金融技术体系 ·· 32
第三节 数字金融在中国的发展及监管 ···································· 38

第四章 数字金融的互联网信息化机构 ····································· 44
第一节 金融互联网概述 ·· 44
第二节 网络银行 ·· 48
第三节 网络证券 ·· 57
第四节 网络保险 ·· 65

第五章 数字金融对经济的宏观影响 ··· 73
第一节 互联网金融有助于实现普惠金融 ································ 74
第二节 提升金融效率 ·· 79
第三节 金融消费者获取方式改变 ·· 82
第四节 银行体系外的信用创造 ·· 83

第六章　数字金融产业的创新发展模式 ································· 87
第一节　网络小贷 ··· 87
第二节　P2P 与众筹 ··· 88
第三节　互联网供应链金融 ·· 92
第四节　第三方支付和互联网征信 ··· 95
第五节　数字货币和区块链 ··· 103

第七章　数字金融产业的风险与监管 ······································· 109
第一节　数字金融产业面临的风险 ··· 109
第二节　数字金融问题平台不断爆发的事实 ···························· 116
第三节　数字金融平台的风险异化分析 ··································· 120
第四节　各个分业态的风险形式与监管问题分析 ······················ 124

第八章　数字时代金融服务的安全 ·· 130
第一节　电子金融服务的安全认识 ··· 130
第二节　数据加密技术 ··· 133
第三节　认证技术 ·· 138
第四节　网络安全技术 ··· 143
第五节　防范风险的安全技术 ·· 152
第六节　网络安全监管 ··· 157

参考文献 ·· 162

第一章 绪论

第一节 金融服务的相关认识

一、金融服务的概念

对于什么是金融服务，国内至今还没有一个确切统一的定义。因为金融服务无论是内涵还是范围都并非一成不变，世界各国不断调整和改变的产业分类标准也说明金融服务在产业结构构成上始终是动态变化的。现有的金融服务定义，主要是从营销管理的角度出发，或体现在相关法律法规和经济统计资料中的。

服务贸易总协定（General Agreement on Trade in Services，GATS）对金融服务的定义是：某一成员提供的任何有关金融的服务，主要的贸易方式包括跨境交付、国外消费、商业存在和自然人流动。金融服务业包括保险、银行、证券及其他金融服务。

在 1993 年联合国统计委员会发布的《国民经济核算体系（SNA）》中，"金融服务"一般包括两类业务活动：一类是"金融中介活动"，即各种金融机构通过各种方式（如吸收存款或发放贷款、发行或购买债券等）吸纳和投放资金，充当资金融通的中介角色，发挥其独特的职能，同时也承担了风险；另一类则是"辅助性金融活动"，主要包括各种金融机构所从事的汇兑、结算、金融租赁、证券交易、外汇交易、投资管理，以及信息咨询等。

但是，自 1993 年以后的三十年来，世界金融市场发生了巨大变化，这对金融机构的运行方式产生了重要影响。

首先，股票市场和债券市场对金融机构来说日益重要。过去这些市场主要是针对富裕家庭和大公司的，金融机构一般以咨询顾问的角色介入。但是现在金融机构普遍持有大量的证券投资组合，在市场上起着举足轻重的作用。

其次，出现了提供金融服务的新组织形式。随着金融自由化浪潮席卷全球和金融创新的发展，市场上出现了新的提供金融服务的组织形式，如基金管理公司，这类公司将募集的资金投入股票等证券市场，为投资者提供资产管理服务。

再次，金融部门内部金融机构之间的交易越来越重要。金融创新导致新的金融工具不断出现，但由于新出现的金融工具日益复杂，使得交易主要在金融机构之间进行，最终使金融机构之间的交易量大幅度上升，且金融机构生产过程的各个环节开始独立，一项金融服务可由不同的金融机构来完成。

最后，金融机构的资产和负债流动性增加。通过建立标准的资产和负债的估值程序，金融机构将其资产和负债证券化，然后变成可交易的金融工具，并在市场上流通，而不必像过去一样由自己持有。

根据我国金融服务的现状，金融服务是指商业银行通过发挥自身功能，向社会、政府、企业和个人提供的各种服务的总称。按《服务贸易总协定》的规定，金融服务包括保险及与保险有关的服务、银行和其他金融性服务。保险服务包括直接保险、再保险和转分保、保险中介、保险附属服务。银行和其他金融性服务包括：存款业务、任何形式的贷款、转移支付（信用卡、旅行支票、银行汇票）、财务租赁和担保、货币市场工具业务（支票、票据、可转让定期存单）、外汇市场工具业务（换汇、汇率避险合约）、可转让工具业务（证券、金银块）、衍生性产品和工具（金融期货及选择权交易）。其他金融服务包括证券业、基金管理、证券投资信托业、证券投资咨询业等。

二、金融服务的特点

（一）无形性

由于服务是一种活动而不是具体的实物，在购买前难以通过感官感受到，因而具有无形性。因为服务的无形，服务的差异化难以被顾客感知，所以通过有形方式表现服务，就成为服务营销管理考虑的重要内容。事实上，顾客也在使用有形线索来选购和评价服务，如阅读银行的宣传单、询问其他亲朋好友的经历等。而要让顾客得到好的有形线索，金融服务机构就需要不断地传达自己的服务理念。服务理念是吸引消费者接受服务的利益点，例如，招商银行的"因你而变"和工商银行强调的"您身边的银行"就体现出处处为消费者着想的理念。

（二）不可分离性

不可分离性是指金融服务的生产过程、销售过程和顾客的消费过程是同时进行的，生产、销售与消费在时间上是不可分割的。顾客作为合作生产者和服务过程中的投入要素，所提供的信息、行为表现等，对服务结果有明显的影响。因此，金融服务机构需要加强与顾客的沟通，增加对顾客服务的投入，更好地满足顾客的个性化需求。在推出金融产品时，金融服务机构要充分考虑顾客的意见，因为顾客是产品设计思路的来源。在产品推出后，金融机构也要加强和顾客的交流，以使服务能够被顾客广泛地使用和传播。

（三）异质性

异质性是指金融服务无法像有形产品那样实现标准化，每次服务带给顾客的效用、顾客感知的服务质量都可能存在差异。服务是由一个行为链条组成的，从接触服务人员开始，每个顾客都会在潜意识里对金融服务机构的服务质量做出评价。其中，服务人员是影响顾客感知和评价的重要因素。服务人员的服饰、仪表、统一用语、态度、与顾客的沟通方式都会影响到顾客的感受。

（四）易逝性

易逝性是指金融服务随时间消逝，不能储存。由于金融服务需求的不可储存性和顾客对金融服务满意度的非线性，这就要求服务具有一定柔性，包括对设备的投放、场地的调整、员工灵活的增减方法、营销手段辅助，以及员工情绪、态度的一致性等。

（五）需求波动性

需求波动性是指顾客对某一种特定金融服务的需求具有波动性特征，促使金融服务也具有波动性特征。例如，就证券公司提供的股票交易服务而言，投资者在某一时间段对高成长性的高科技股票的需求量大，而在另一时间段对国企大盘蓝筹股的稳定性看好而需求量大，这就造成了投资者需求的波动，进而引起金融服务的波动性。

三、金融服务对国家的贡献

从发达国家的经验来看，金融服务业对国内生产总值的贡献要普遍高于对总就业的贡献，表明了金融服务部门有着较高的生产率。进一步分析可以看出，当经济发展进入一定阶段后，金融服务业增加值占国内生产总值的比重会比较稳定，这时金融服务部门对国家经济增长的贡献主要是通过其作为中间投入对其他产业部门的促进作用来实现，而不是靠其自身创造增加值来完成。

中国自改革开放以来，金融服务业发展很快，在国民经济中占有很重的分量。自 2005 年以来，我国金融业增加值 GDP 占比表现出强劲的上升趋势。2011 年，我国金融业生产总值合计25901.93亿元,占国内生产总值472881.6亿元的5.5%,接近改革开放以来的历史最高值。2012年,我国金融服务(不含保险)出口和进口分别位居世界第27位和第26位,保险服务出口和进口分别位居世界第7位和第2位。2013年,北京市金融业实现增加值2822.1亿元,同比增长11%,占地区生产总值的比重为14.5%,对地方经济增长的贡献率为19.8%。2014年,我国金融业占第三产业增加值的比重达到15.3%,金融业增加值占GDP的比重从上年的5.89%跃升至7.37%,一举突破"十二五"以来在5%左右徘徊的格局。国家统计局的数据显示,2015年末全国金融业增加值为5.75万亿,占GDP的比重为8.39%,北京、上海、天津金融业增加值占地区生产总值的比重居前三甲,分别为17.0%、16.2%和9.6%。深圳市金融办发布的数据显示,经初步核算,2016年深圳金融业实现增加值2876.89亿元,同比增长14.6%,占同期全市GDP的14.8%,创历史新高。

中国金融业总体规模的不断增加,与金融业自身发展需要以及中国经济发展对其的巨大需求密不可分。中国金融业增加值占GDP的比重和其占第三产业增加值的比重都存在波动,这种波动来自GDP和第三产业增加值的波动,而非金融业本身。近几年,这两个比重处于上升阶段,说明金融业增长相对中国经济和第三产业增长迅速,金融业在中国经济发展中的拉动作用越来越显著。

从总体上看,国内银行存款结构有所变化,各地居民储蓄存款增速放缓,中西部地区单位存款增长较快;稳健货币政策的效果明显,货币信贷结构开始优化,信贷投放增速回归理性,节奏控制更趋合理;各地"有扶有控"的信贷政策有效落实,信贷开始向"三农"、小微企业、服务业等重点领域和薄弱环节倾斜,信贷资源配置效率提高;金融机构贷款定价机制逐步完善,对市场做出合理反应的能力增强;金融改革进一步深化,金融体系出现结构性改变,农村金融发展开始加快,证券业出现调整,保险业平稳发展,信托业发展迅速,期货交易品种不断丰富;债券融资规模明显扩大,直接融资比例提高;各地金融生态环境有所改善,为区域经济金融有序协调发展创造了条件;各地金融服务业继续稳健运行,金融服务实体经营与服务能力继续增强,金融服务效率稳中有升。

四、金融服务的发展趋势

在知识经济时代,金融服务作为人们积累财富的一种便捷有效的途径,呈现出几个显著的趋势。

（一）金融服务网络化

目前，我国已拥有比较完善的计算机通信网络，银行主机和服务器处理容量也在不断增加，这就为银行业务数据大集中的实现提供了物质基础。而计算机系统安全措施的完善和处理技术的不断发展，也为数据大集中提供了技术支撑。我国商业银行金融服务网络化条件已经具备，"网络化金融服务"已经成为各商业银行最关注的热点和重点，就连传统的货币交易也开始向网络化靠拢。金融服务网络化正成为当今金融业的一个发展趋势。

（二）金融服务低风险化

传统金融服务项目的推出，可能是凭经验行事，也可能是单纯的模仿。这些做法势必导致开展的金融服务项目具有盲目性和低效性，而随之产生的风险不仅由金融服务机构承担，也会使消费者或多或少受到一些连带影响。新的金融服务的决策依据是信息分析与方案评估，每项金融服务项目的推出都会经过周密论证。

（三）金融服务多样化

多样化的金融服务是金融服务机构竞争的焦点。随着社会经济成分的多元化，金融服务对象的多样化逐渐显露出来，原先陈旧、单一的金融服务逐渐被经济发展的新需求所抛弃。电脑余额查询、储蓄通存通兑、自动柜员机服务、金融电子通汇、对公业务联网等服务项目如雨后春笋一般出现，使得金融服务日趋多样化。

（四）金融服务人性化

随着经济的发展，金融服务机构将更关注从顾客的角度去设计开发产品，并根据顾客的需求提供个性化的服务。例如，银行通过将传统的封闭式、只对客户提供简单存取转款结算的服务，改为在封闭式现金区、敞开式非现金区和24小时自助服务区为客户提供人性化、差别化和现代化的金融服务等手段，大大提高了银行本身的人机替代率，有力推动了金融服务的发展。

第二节 网络金融与电子货币

一、网络金融

(一) 网络金融的产生与发展

计算机技术、网络技术和信息技术的飞速发展,以及网络的安全保密技术不断完善,使上网越来越快捷、方便,从而给网络金融机构提供了生存和不断发展的空间。网络金融是存在于电子空间中的金融活动,不同于传统的以物理形态存在的金融活动,而是以虚拟化的形态在网络中运行的。网络金融是网络信息技术与现代金融相结合的产物,是适应电子商务发展需要而产生的网络时代的金融运行模式。

网络金融服务的特色可以简单地概括为 3A 服务方式,即在任何时间(Anytime)、任何地点(Anywhere)提供任何方式(Anyhow)的金融服务。网络金融服务业务包括由传统金融机构和部分金融软件商通过公共信息网络提供的各种传统或创新的银行业务、证券业务、保险业务、期货经纪业务及投资理财咨询等其他附加性的全部金融服务。

网络信息技术应用于金融业大体经历了 3 个发展阶段,即辅助金融机构业务和管理阶段、金融机构电子化阶段和网络金融发展阶段。

1. 辅助金融机构业务和管理阶段

20 世纪 50 年代,计算机开始应用于金融业务的处理和管理。金融机构业务中的记账、结算等环节,使用计算机作为辅助手段,可以减轻人力负担、少出差错、提高工作效率。到了 20 世纪 60 年代,计算机应用又从单机处理发展到联机系统,金融机构对内在总部与分支机构、营业站点之间发展了存、贷、汇等联机业务,对外在不同金融机构之间实行了通存通贷等联行业务。特别是进入 20 世纪 80 年代后,水平式金融信息传输网络出现,电子资金转账(EFT)系统也逐步发展起来,票据处理速度、支付效率和资金管理质量大大提高,节省了开支、减少了意外损失。

2. 金融机构电子化阶段

20 世纪 80 年代后期到 90 年代中后期,金融业的主体——银行,逐渐实现了电子化。这个阶段的发展与个人计算机、信用卡、电子货币等新型信息化手段的普及有关。银行陆续推出了以自助方式为主的在线银行服务(PC 银行)、自动柜员机

(ATM)、销售终端系统(POS)、企业银行(FB)、家庭银行(HB)等电子网络金融服务的多种方式。这些服务方式的功能越来越多样化。例如，ATM技术最初只有存取现金、查询储蓄余额等少数几种功能，后来发展到处理股票交易、共同基金投资、代办保险业务等多种功能。银行在电子化过程中还出现了高技术智能金融卡以及用电子信息形式进行现金支付和票据转账的电子货币结算系统。

3.网络金融发展阶段

互联网商业性应用的发展，促使了网络金融的诞生。网络信息技术已经不仅仅是作为工具了，由信息、网络技术的创新产生的大量新的金融产品，虽然与传统金融业务并无本质的不同，但它们孕育、成长于网络，形式和方式与传统金融业务迥异，满足了人们多样化的金融需求。在这一阶段，技术成为了推动金融业变革的主要力量，孕育出新的金融形式。

(二)网络金融的特性

网络金融是现代金融业发展的一个趋势，与传统金融的最显著区别在于其技术基础的不同，而计算机网络给金融业带来的不仅仅是技术的改进和发展，更重要的是运行方式和行业理念的变化。

1.经济性与高效性

经济性是指与传统金融活动相比，网络金融活动的效益显著，投入少而产出多。因为网络技术应用于金融业后，采用了开放技术并共享软件，极大地降低了金融产品的开发费用和金融系统的维护费用，经营成本较传统金融业降低许多。同时电子化金融业能够提供更灵活、更多样的服务，极大地提高了服务质量。此外，金融电子化、网络化扩大了金融服务范围和品种，加快了资本在全世界的运转，最终降低了经营成本。从运营成本来看，虚拟化的网络金融在为客户提供更高效的服务的同时，由于无须承担如传统金融机构所需的经营场所租金、员工工资等费用开支，因而具有显著的经济性。此外，随着信息的收集、加工和传播日益迅速，金融市场的信息披露趋于充分和透明，金融市场供求双方之间的联系趋于紧密，可以绕过中介机构来直接进行交易，非中介化的趋势明显。

高效性是指与传统金融业相比，网络技术的应用使得金融信息和业务处理的方式更加先进，系统化和自动化程度大大提高，不受时间和空间的限制，可提供全天候、全方位的实时服务，而且能为客户提供更丰富多样、自主灵活、方便快捷的金融服务，具有很高的效率。

2. 科技性和共享性

科技性是指现代信息技术已经快速广泛地运用于金融业中。首先，信息技术的广泛运用有利于金融业实现市场网络建设的低成本扩张，并使信息传递和资源共享突破原有的时间概念和空间界限，将原来的二维市场变为没有地理约束和空间限制的三维市场。其次，现代信息技术的运用为金融新产品的开发与设计注入了活力，金融产品是金融市场营销的核心，不断地向市场推出反映金融创新、金融改革的金融新品种是市场营销取胜的关键。最后，信息技术的广泛运用有效提高了金融业务的信息处理速度，进而增强了企业的决策能力。

共享性是指信息资源可以共享。网络金融是金融信息收集、整理、加工、传输、反馈的载体，同时也是金融信息化的产物。货币流通、资金清算、股市行情、保险、投资信托等金融信息的产生和变化都直接影响国民经济的发展。利用网络技术，可以充分实现信息共享。一个数据库可以同时为众多终端所调用，网络上任何资源都可以实现共同享用。资源稀缺在这里被淡化，这为人类的节约经济创造出了一种新的机制。

3. 虚拟性与风险性

虚拟性是指金融实务运作的虚拟化。例如，经营地点虚拟化——金融机构只有虚拟化的地址，即网址及其所代表的虚拟化空间；经营业务虚拟化——金融产品和金融业务大多是电子货币、数字货币和网络服务，这些全部是理念中的产品和服务；经营过程虚拟化——网络金融业务的全过程均采用电子数据化的运作方式，由银行账户管理系统、电子货币、信用卡系统和网上服务系统等组成的数字网络处理所有的业务。

网络金融除了传统金融具有的金融风险外，还存在着基于虚拟金融而形成的操作风险、基于网络运行所形成的技术风险，以及流动性风险、市场风险、操作风险、信用风险、法律风险等。与此同时，由于网络金融基于因特网环境的基础技术支撑环境具有开放性、跨时空性，开发运行方式具有特殊性（可能采取外包方式），所以其面临的技术风险更加突出。这些风险如果不加以严格的防范和管理，会引发严重的金融风险，甚至对国家金融和经济安全造成威胁。同时，也会对金融业的正常运行产生巨大的影响。

4. 全球性与一体化

全球性是指网络金融活动的开展不受地域的限制，具有无国界性。网络银行基于Internet开展业务，打破了国别和地理上的限制，缩短了不同区域人与人之间的距离，使远程交易等经济活动成为可能。互联网的全球化与跨国界性，使得网络银行业务具有无国界性，通过计算机与网络，网络银行可以瞬间将巨额资金从地球的这一端传送到地球的另一端。目前，国际金融市场已经形成一个密切联系的整体市场，在全球各地的任何一个主要市场上都可以通过网络进行相同品种的金融交易，世界上任何一个局部市场的波动都可能马上传递到全球的其他市场上。

网络金融的出现极大地推动了金融混业经营，加速了金融一体化的发展。主要原因在于：首先，在金融网络化的过程中，客观上存在着系统管理客户所有财务金融信息的需求，即客户的银行账户、证券账户、资金资产管理和保险管理等有融合统一管理的趋势。其次，网络技术的发展使得金融机构能够快速有效地处理和传递大规模信息，从而使得产品创新能力大大加强，能够向客户提供更多量体裁衣的金融服务，并且金融机构服务同质化现象日益明显。最后，金融市场透明度和非中介化程度的提高，使得金融业竞争日趋激烈，百货公司式的全能银行、多元化的金融服务成为大势所趋。

（三）网络金融的影响

1.改变了商业银行的价值创造和价值实现方式

近十年来，中国商业银行实现了持续快速稳定的发展，总资产和总负债年均复合增长率近20%。但到目前为止，商业银行的发展模式和盈利方式基本上还是传统的"重投入轻效益、重数量轻质量、重规模轻结构、重速度轻管理"的外延粗放式增长模式，"一高、二低、三优"的内涵集约化经营任重道远。从商业银行传统的价值创造和价值实现方式看，因为其客户主要是对贷款有稳定需求的大企业客户以及高端零售客户，安全、稳定、低成本和低风险是客户的基本诉求，银行的价值创造和价值实现主要是以其专业的技术、复杂的知识和冗繁的流程向客户提供安全、稳定、低成本和低风险的金融产品与服务。

在网络金融模式下，目标客户类型发生了改变，客户的消费习惯和消费模式不同，其价值诉求也发生了根本性转变，使得商业银行传统的价值创造和价值实现方式被彻底颠覆。市场参与者更为大众化和普及化，中小企业、企业家和普通大众都可以通过互联网参与各种金融交易。金融产品或服务提供商是那些聚焦于为客户提供快捷、低成本服务的新兴金融机构，其社会分工和专业化被大大淡化。客户主要是追求多样化、差异化和个性化服务的中小企业客户及年轻消费者，方便、快捷、参与和体验是客户的基本诉求。在网络金融模式下，金融机构为客户提供的产品与服务是在数据分析上的模块化资产组合，以往传统商业银行为客户提供的那种基于密集知识和复杂技术的金融产品的优势被削弱了。网络金融使传统商业银行的竞争基础发生了演变，由安全、稳定、低成本和低风险转向快捷、便利和体验，进而从金字塔的底端开始对银行核心业务进行破坏性冲击。

2. 促进了金融服务效率的提高

网络银行能够提供比电话银行、ATM 和早期的企业终端服务更生动、灵活、多样的服务。与传统金融机构的营业网点相比，网络银行提供的服务更加标准化和规范化，避免了由于个人情绪及业务水平不同而带来的服务质量的差别，可以更好地提高银行的服务质量。客户只要接入 Internet，便可使用银行服务，真正实现跨越地理和时间限制的客户服务。网络银行可以直接在网上实现广告、宣传材料及公共信息的发布，如发布银行的业务种类、处理流程、最新通知和年报等信息；网络银行还可以实现客户对银行各类账户信息的查询，及时反映客户的财务状况，实现客户安全交易，包括转账、信贷、股票买卖等。再如，信用卡业务是一项与计算机及网络系统紧密相连的银行业务。对于信用卡申办人，若其能够上网，则可通过网络提出申办意向，这样可大大方便客户，缩短从申办到领卡的时间。持卡人也可以通过网络查询自己的账户余额和用卡明细，这一功能可替换当前的电话系统，并且比电话银行系统更加直观和快捷。对于那些有 E-mail 地址的客户，银行每月可向他们提供对账单，这就提高了工作效率、节约了纸张成本，而且，客户也可更快地收到信息。同时，银行在网上还可以对特约商户进行信用卡业务授权、清算、传送黑名单及紧急止付名单等。

3. 导致了商业银行支付功能的边缘化

网络金融模式下的支付方式以移动支付为基础，其通过移动通信设备、无线通信技术来转移货币价值以清偿债权、债务关系。网络金融进一步加速金融传媒业的发展，使商业银行的支付中介功能边缘化，并使其中间业务得到替代。例如，支付宝、财付通、易宝支付和快钱等已经能够为客户提供收付款、自动分账，以及转账汇款、机票与火车票代购、电费与保险代缴等结算和支付服务，对商业银行形成了明显的替代效应。

随着电子商务的发展，中国的第三方支付平台交易量、虚拟货币的发行和流通量越来越大，涉及的用户越来越多，第三方支付已经成为一个庞大的产业，且在电子支付领域奠定了优势地位。以支付宝的"余额宝"为代表的网络金融创新业务已经极大地撼动了传统商业银行的业务基础，倒逼商业银行必须进行业务创新和改革，从根本上推动了金融改革的进程。

4.给金融监管体系提出了严峻的挑战

网络经济和网络金融业务的发展在提高金融运行效率的同时,也增大了金融市场运行的不确定性,加剧了市场风险的程度,对传统的金融监管制度提出了严峻挑战。

网络经济发展加快了金融创新的步伐,导致金融监管的法律法规和监管手段越来越落后于网络金融业务的创新与发展。一方面,层出不穷的金融创新常常使金融监管部门措手不及,难以顾及;另一方面,金融监管部门在界定新业务的合法性方面遇到困难。传统金融监管法律法规的有效性已大大降低,适应于网络经济条件下的网络金融发展的金融监管法律法规体系尚待完善。

此外,在网络经济环境下网络金融呈现出显著的全球性,这种金融业务的无国界化与金融监管的国家主权化之间的矛盾日益加深,产生了一些负面的影响。例如,网络银行的无国界发展一方面使各国政府有效抑制商业银行的国际避税行为越来越困难,另一方面使各国中央银行对金融市场的单一监管的有效性大大降低,因此,加强各国金融监管当局的合作并建立起新的监管协调机制,是网络经济条件下各国中央银行监管共同面临的新课题。

二、电子货币

(一)电子货币的产生与发展

20世纪60年代以来,科学技术突飞猛进,特别是20世纪末随着全球计算机、信息产业和网络技术的广泛应用,网络经济这一新的经济形态出现,电子商务这一刚刚兴起的商品贸易形式迅速地融入了人类社会经济生活的各个方面,同时,在线支付系统和电子化结算工具的需要也变得越来越迫切,而正是在这种条件下,一种新型的货币形式——电子货币应运而生。

电子货币最早出现在美国。1952年,美国加利福尼亚州富兰克林国民银行率先发行了银行信用卡,这标志着一种新型商品交换中介的出现。美国的Mark Twain银行是美国第一家提供电子货币业务的银行,早在1996年4月就获得了一万个电子货币客户。自Mark Twain银行后,美洲银行从1958年开始发行"美洲银行信用卡"。1974年罗兰德·莫诺发明了IC卡作为电子货币。1982年,美国组建了电子资金传输系统,随后英国、德国也相继研发出了自己的电子传输系统,使非现金结算自动处理系统具有了一定的规模。紧接着一些发达国家相继开发了电子货币产品。

据统计,网上金融业务在2000年占传统金融业务量的20%左右,其中美国的网上金融业务发展最快,欧洲国家也在大力发展;在亚洲,新加坡等是发展电子货币的先进地区。欧洲央行指出，电子货币的应用范围将越来越广，推广电子货币将成为欧洲央行未来货币政策的组成部分之一。

从总体上讲，我国电子货币的发展情况相对于发达国家开始较晚。20世纪90年代中后期，随着电子商务的兴起和金融体制改革的深化，银行被推向市场，商品经济的生存竞争意识迫使中国的银行界开始思考电子货币的发展策略，电子货币开始进入人们的视野。

1993年6月1日，江泽民在视察中国人民银行清算中心时，提出要在全民中推广使用银行卡，以减少大量现金流通，加强对国民经济的宏观调控，更好地为社会主义经济服务。从此，"金卡工程"在我国范围内全面实施的序幕拉开。1996年末，我国第一张从芯片设计、生产到卡片制作全部国产化的IC卡——中华IC卡研制成功，并顺利通过了专家鉴定。它填补了我国逻辑加密存储器卡的空白，并改变了我国"金卡工程"所需IC卡用芯片和IC卡完全从国外进口的局面。

电子货币的应用与互联网的普及密切相关。据《中国互联网状况调查报告》显示，截至2015年12月，全国使用互联网办公的企业比例为89.0%，全国工业企业互联网使用比例为87.9%，其中制造业的互联网使用比例为88.1%，服务业为90.0%。销售流通方面，2015年中国电子商务市场交易规模达16.2万亿元，同比，增长21.2%。艾瑞咨询年度数据电商O2O报告分析认为，各企业继续加大移动端发力，扩张品类等是电子商务渗透的主要原因。移动端的随时随地、碎片化、高互动等特征，让移动端成为纽带，助推网购市场向"线上+线下""社交+消费""PC+手机+TV""娱乐+消费"等方向发展，实现整合营销、多屏互动等模式。另据中国电子商务研究中心于2016年9月发布的《2016年（上）中国电子商务市场数据监测报告》显示，2016年上半年，中国B2B电子商务市场交易额达7.9万亿元，同比增长36.2%，增幅上升7.4个百分点，主要B2B服务商营收都出现了不同程度的增长，除大环境带来的利好外，各B2B服务商在业务多元化发展、盈利模式的探索等方面均实现一定的突破。

电子货币的出现，是适应商品经济和社会科技发展，提高货币流通效率，降低货币流通费用，从而降低商品交易费用的货币制度安排的变迁过程。电子货币是信息技术和网络经济发展的内在要求和必然结果，它对现有银行货币体系提出了挑战，并对中央银行的地位、货币政策及传统金融监管都将产生直接或间接的影响。

电子货币的出现满足了网络经济和电子商务对支付手段和结算工具的需要，它抛弃了传统币材的实物形态，取而代之以无形的数字标识，这种数字形式的货币更容易与其他资产相互转换，提高了资产的流动性，降低了转换成本与持有成本，企业和个人可以减少手持现金比例,增加储蓄和投资比例而使获利更高。这种非实物形态的电子货币在支付时能任意分割,自动进行不同币种的换算,免除了兑换的麻烦,大大方便了跨国消费,使得货币在传输与转移上的优越性远远超过了传统的纸币。

可以说,电子货币是货币发展史上的一次重大变革。电子货币的产生,彻底改变了银行传统的手工记账、手工算账、邮寄凭证等操作方式,也给人们在购物、饮食、旅游和娱乐等生活方面带来了更多便利。电子货币的流通方式将会加快我国金融电子化建设进程,减少现金流通,促进金融业务发展和市场繁荣。

(二)电子货币的概念与特点

电子货币又被称为网络货币、数字货币或电子通货等,是指通过电子终端、电信网络、磁介质以及其他电子设备来执行价值储存和交易支付的一个机制,或以电子信号为载体的货币。

电子货币是在网络信用基础上发展起来的,以计算机技术、通信技术、金融服务等为基础,以银行卡(磁卡和智能卡)和电子资金传输系统为载体,在目不可视、手不可及的情况下,以商用电子机器设备和各类交易卡为媒介,通过0与1的排列组合,以电子计算机技术和现代通信技术为手段,以电子脉冲进行资金传输和存储的信用货币。电子货币的本质在于消费者或企业能够以在线方式提供信息来转换为货币或者进行资金的转移。简单地说,就是在通信网络或金融网络中流通的"金钱",是通过网络进行的金融电子信息交换。

电子货币与纸币等其他货币形式相比,具有保存成本、流通费用、标准化成本和使用成本都较低的优势,而且更加方便、安全、快捷,尤其适合小金额的网上采购和商务实体间远距离的大笔资金流动,因此具有很大的发展潜力。

具体来讲,电子货币主要具有以下几个特点。

1. 形式方面

传统货币以实物的形式存在,如贝壳、贵金属、纸币等实物,而且形式比较单一。而电子货币则是一种电子符号或电子指令,它以电子信号形式将客户存款记录在银行系统的记录介质上,其存在形式随处理的媒体(磁盘、电磁波或光波、电脉冲)而不断变化。

2. 发行主体方面

从发行主体看,传统的通货是以国家信誉为担保的货币,由中央银行或特定机构垄断发行,由中央银行承担其发行成本,其发行收益则形成中央银行的铸币税收入。

商业银行即使具有发行存款货币的权利，也要受到中央银行存款准备金等机制的影响和控制，货币发行权控制在中央银行的手中。但是电子货币的发行机制有所不同，呈现出分散化的趋势。从目前的情况看，发行主体既有中央银行，又有一般的金融机构，甚至是成立特别发行公司的非金融机构，如信用卡公司和IT企业。它们发行电子货币并从货币发行中获得收益，构成了一个特定的电子货币的发行市场。在这个市场中，大部分电子货币是不同的机构自行开发设计的带有个性特征的产品，其担保主要依赖于各发行机构自身的信誉和资产，使用范围也受到设备条件、相关协议等的限制。电子货币的总量不再受中央银行控制，其数量规模基本由市场决定。

3. 现金转化方面

通过电子货币系统，可实现现金与非现金存款的相互转化。这主要表现在利用银行卡在ATM机上的存款和取现。电子货币可按照客户指令在不同账户间实现转账划拨，不仅方便快捷，而且安全可靠。但从主流方面看，电子货币是更多地吸纳和回笼了流通中的现金量，从而加大了非现金流通的比重。

4. 兑换商品方面

电子货币是基于真实汇票或债权开出的凭证，它和信用货币一样，都是以真实交易关系和债权关系为基础，都具有可兑换性。电子货币可兑换性的实现有两种途径：一种是机构兑换，顾客要求其发行人兑换，将电子货币转变为现金、银行存款，最终结果是使电子货币回到出发点，网上商店同顾客之间的债权债务关系转移或消失，电子货币完成使命并退出流通领域。另一种是社会兑现，顾客充分相信电子货币，利用电子货币购买商品，直接实现对价值物的占有。这样电子货币就停留在流通领域，成为商品交换的媒介。电子货币的信用等级越强，社会兑现（购买商品、支付债务等）的可能性越大，相反，机构兑换的可能性越大。

5. 技术方面

传统货币的流通以货币材料为基础，货币本身的价值与货币作为商品流通的价值相等时，货币无须防伪、加密，因为仿造不能给伪造者带来更多的利益；当货币脱离实际价值，作为货币符号使用时（如纸币），货币防伪的任务就变得越来越艰巨，对纸币印刷方面的技术要求也与日俱增。而电子货币的流通以相关的软硬件设备正常运行为前提，以计算机技术为依托，进行储存、支付和流通，没有传统货币的大小、重量和印记。使用电子货币的交易行为是经由电子流通媒介在操作瞬间借记和贷记货币账户，一系列的识别、认证和记录数据的交易工作时间很短暂。电子货币的使用和结算不受金额、对象和区域的限制，信息流所代表的资金流在网上的传送十分迅速、便捷。

6. 流通范围方面

一般货币的使用具有严格的地域限定，一个国家的货币一般都是在本国被强制使用的唯一货币（欧元除外），而且在流通中可能被持有者以现金的形式窖藏，造成货币沉淀，货币流通速度缓慢。但是，电子现金以数字文件的形式依托于虚拟的互联网空间，在一个没有国界地域限制的一体化空间内快速流通。消费者可以较容易地获得和使用不同国家的发行机构发行的以本币或外国货币标值的电子货币，而且这种流通自始至终在银行转账范围内，从而避免了资金在银行体外循环。但是，电子货币的使用必须借助于一定的电子设备，而且其设置地点并不是交易双方所能决定的，这在很大程度上影响了电子货币的便携性。

7. 安全性方面

传统的货币总是表现为一定物理形式，如大小、重量和印记等，其交易中的防伪主要依赖于物理设备，通过在现钞上加入纤维线和金属线、加印水印和凹凸纹等方法实现，而电子货币以电子化操作系统为载体，即以电子计算机为依托，对储蓄、转账和支付活动的资金进行自动处理，其安全性是通过用户密码、软硬件加解密系统以及路由器等网络设备的安全保护功能来实现的。电子货币的发行、流通和回收的过程都是用电子化的方法进行，因而具有严密的安全保密对策。

（三）电子货币的种类

电子货币发展到现在，种类越来越多，数量越来越大，流通范围也更加广阔。从不同角度上，能划分出不同的类型。

根据载体的不同，可将电子货币分为"卡基"和"数基"两大类。"卡基"电子货币是以卡片为基础的电子货币。载体主要是各种物理卡片，包括智能卡、电话卡等。消费者在使用这种电子货币时，必须携带特定的卡介质，消费的电子货币金额需要预先储存在卡中。发行"卡基"电子货币的机构包括银行、信用卡公司、电信公司、大型商户和各类俱乐部等。"数基"电子货币是以互联网或软件为基础的，其表达完全基于数字的特殊编排，依赖于软件的识别与传递，不需特殊的物理介质，它是为远距离互联网小额交易提供便利交易的支付工具。

根据电子货币使用方式和条件的不同，可将电子货币分为"认证"或"匿名"系统和"在线"或"离线"系统。"认证"是指电子货币的持有者在使用电子货币时，需要对其身份进行确认，其个人资料被保存在发行者的数据库中，以电子货币进行的交易是可被追踪的。"匿名"是指电子货币的持有者在使用电子货币时不需进行身份认证，其交易不能被追踪。"在线"是指客户使用电子货币支付时，需要在网络上利用电信设备连接商家或第三方进行确认，这种确认不一定是身份的确认，也可以是对电子货币的合法性和金额等的确认，然后才能决定是否接受支付请求。电子货币的"在线认证"与信用卡或借记卡等不同，前者关注的是"货币"本身，后者验证的是用户的"身份"。"离线"是指电子货币的使用者在支付时不需连接网络，部分"离线"电子货币甚至不需验证，使用时不需要发行者或第三方进行确认，可以直接进行用户对用户、用户对商家的资金转移支付。

（四）电子货币的职能

电子货币是在传统货币的基础上发展起来的，与传统货币在本质、职能及作用等方面存在许多共同之处，但两者产生的社会背景、经济条件和科技水平等不同，导致了它们在执行货币职能时产生了差异。

1. 价值尺度职能

货币充当价值尺度的职能时，体现为以观念的或想象的货币来衡量和表现商品的价值，并用价格的形式表现出来。作为"价值尺度"代表的货币单位必须是公认的、统一的和规范的，与其他度量单位相同，需要法律强制执行。电子货币对商品价值度量的标准是建立在纸币或存款账户基础上的，遵循中央银行货币的"价值尺度"标准。由于电子货币带有明显的发行人特征，而不同的发行人对价值判断的标准不同，因而电子货币体系需要通过一个"外部"标准统一规范。

2. 流通手段职能

电子货币是一种高效的"流通手段"，是在统一价值尺度下对流通手段的替代。当商品流通中买和卖两个阶段的完成以电子货币充当交换媒介时，电子货币就发挥了流通手段职能。通过电子货币完成的交换表现为买卖双方银行账款上存款余额数字的增减变化，电子货币发挥流通手段职能时必须依靠银行等中介机构的参与才能完成。

3. 支付手段职能

货币和商品在买卖过程中不同时出现，即采用预付款或延期支付的方式进行交易，货币在其中就发挥着支付手段的职能。当电子货币实行价值单方面的转移时，就发挥了支付手段的职能。如单位以银行卡的方式发放工资奖金、缴纳税金，银行通过发放银行卡的形式吸收存款，办理其他代收代付业务（代收电话费、水电费等），消费者使用信用卡进行的交易，在电子货币存款不足时购买商品，银行履行付款责任，同时消费者和银行形成借贷关系等。

4. 储藏手段职能

货币的储藏手段职能是与货币自然形态关系最为密切的职能。利用货币"储藏"价值的先决条件之一是货币积累所代表的价值积累没有风险，或者风险极低。电子货币的储藏是以数字化形式存在的，目前的价值储藏功能依赖于传统通货，以现金或存款为基础。所以这样得到的电子货币永远不可能摆脱持有者手中原有通货的数量约束。这样，电子货币作为价值储藏是名不副实的。所以，电子货币的储藏功能是持有者无法独立完成的，必须依赖于中介机构。

第三节　电子金融的产生与发展

一、电子金融的产生

（一）电子金融产生的时代背景

当今世界已进入以数字化、网络化、信息化为特征，以网络通信为核心的信息时代。经济全球化与网络化成为一个强有力的趋势，信息技术革命与信息化建设正在推动社会由资本经济转变为信息经济和知识经济，并强烈地影响着国际经济贸易环境，加快了世界经济结构的调整与重组。

目前，与经济全球化潮流相呼应，经济信息化的潮流来势迅猛，两大潮流互相依存，彼此不可分离。对国家来说，必须把本国的经济发展目标建立在统一的世界市场的基础上，充分考虑各种可能性和可行性，制定经济社会发展战略；对企业来说，必须善于借助别国企业的优势进行多国企业联合的组合式生产，以迅速将产品销往全球最需要的市场；对个人来说，必须准备迎接世界范围内的更激烈的求生发展的竞争，并且善于捕捉各种各样的商机，以施展个人的才干。

全球化是在新科技革命的推动下加速的，其中，网络技术的发展对它的影响尤其重要。互联网为经济生活的全球化提供了用之不竭的信息资源，网络技术的高速发展使国界的限制作用减弱，电子金融活动完全超出了国界，加速了全球成为"地球村"和各国民众成为"地球村"村民的进程。

随着网络技术的发展，电子金融活动从企业内部扩展到企业外部，出现了用于数据传输、交换的电子文件，使得电子数据交换（EDI）方式出现，电子单证通过专用增值网络（VAN）进行传送，后来又发展到通过开放式的Internet进行传输。银行间的电子资金转账（EFT）技术与企业间电子数据交换技术相结合，产生了早期的企业之间的电子商务，信用卡（Credit Card）、自动柜员机（ATM）、零售业销售终端和联机电子资金转账（POS/EFT）技术的发展，以及网络通信和安全技术的发展，使网上个人购物（Business to Customer，B2C）和企业之间网上交易（Business to Business，B2B）得到了发展。

（二）电子金融产生的技术基础

电子金融的产生和发展得益于信息技术的发展。各国在电子金融方面的研究做了大量工作，提供了完善的电子商务技术，主要包括：研究和开发出在网络上进行电子数据交换的技术；研究和开发出可快速传输信息的高速网、宽带网、广域网和可以互联的多种计算机网络系统；研究和开发出适合在网络上使用的电子邮件以及实现电子公告牌服务的信息发布技术；研究和开发出通过网络进行电子资金转账以及共享网络数据库的技术；研究和开发出在网上进行支付的信用卡支付技术和电子货币支付技术，实现了电子现金、电子货币与电子支票网络传送的完全认证与可靠支付技术；研究和开发出各种计算机和网络的安全技术；在计算机网络环境下，实现电子签名技术等。

随着商业的迅猛发展，交换信息量的增加，以及计算机在商业往来中的应用，信用卡、电子货币的出现，使商品交易可以通过电子的方式进行结算。许多大型企业通过建立自己的计算机网络，实现各个机构之间、商业伙伴之间的信息共享，称为电子数据交换（EDI）。EDI通过传递标准的数据流，可以避免人为的失误、降低成本、提高效率，使新的电子信息技术与商业活动较好地融合起来，促进了生产力水平的提高。Internet广泛应用以后，许多商品交易转到网上进行。供应商、服务提供者、生产企业、销售企业、银行等通过网上采购、网上销售进行交易，给人们带来了极大的方便。

（三）电子金融产生的生产力基础

在商品经济社会中，经济规律作用的结果必然要求全球资源进行最优配置，形成经济全球化、市场国际化、社会分工国际化和产业结构的全球调整。这种调整导致了资本的大量转移，推动了国际贸易的发展。交易市场的激烈竞争使生产方式由大规模的批量生产，向柔性的多品种、小批量的生产方式转变，以适应市场需求的迅速变化；企业的组织形式由大型、纵向、集中式，向横向、分散式、网络化发展。制造商、供货商和消费者之间，跨国公司与各分公司之间迫切要求提高商业数据、单证文件的空间传递跨度、处理速度和准确度。传统贸易的单证和文件采用人工处理，劳动强度大、效率低、出错率高、费用高。以纸为载体的贸易单证和文件的传递、处理成了阻碍国际贸易发展的一个关键因素，"无纸化"贸易成为所有贸易伙伴的共同需求。

二、电子金融的发展历程

电子金融是随着计算机技术和网络通信技术的不断发展而发展的。20世纪90年代，互联网进入了商业化阶段，标志着电子金融活动大规模、迅速发展时期的到来。在金融活动中，随着全球信息化的发展，基于因特网（Internet）技术的网络服务蓬勃开展。

中国电子金融是伴随着电子商务服务业的发展而发展的，它诞生于20世纪90年代中后期8848、阿里巴巴等一批电子商务网站的兴起，受困于2000年至2002年互联网泡沫的破灭，复苏于2003年"非典"影响下的网购市场的活跃，壮大于2006、2007年的IPO的"财富效应"、行业良性竞争和创业投资热潮"三驾马车"的促动，异军突起于2008年爆发的国际金融危机。

20世纪90年代，我国开始开展EDI的应用。自1990年开始，国家计委、科委将EDI列入"八五"国家科技攻关项目，如外经贸部国家外贸许可证EDI系统、中国对外贸易运输总公司中国外运海运/空运管理EDI系统、中国化工进出口公司"中化财务、石油、橡胶贸易EDI系统"及山东抽纱公司"EDI在出口贸易中的应用"等。1991年9月，由国务院电子信息系统推广应用办公室牵头，会同国家计委、科委、外经贸部、国内贸易部、交通部、邮电部、电子部、国家技术监督局、商检局、外汇管理局、海关总署、中国银行、人民银行、中国人民保险公司、税务局、贸促会等，发起成立"中国促进EDI应用协调小组"，同年10月，成立"中国EDIFACT委员会"，并参加亚洲EDIFACT理事会。

1996年，全桥网与因特网正式开通。1997年，信息办组织有关部门起草编制我国信息化规划；1997年4月，在深圳召开全国信息化工作会议，各省市地区相继成立信息化领导小组及其办公室，各省开始制定本省包含电子商务在内的信息化建设规划。1997年，广告丰开始使用网络广告。1997年4月，中国商品订货系统（CGOS）开始运行。

1999年9月6日，中国国际电子商务应用博览会在北京举行，这是中国第一次全面推出的电子商务技术与应用成果大型汇报会。1999年9月，招商银行率先在国内全面启动"一网通"网上银行服务，建立了由网上企业银行、网上个人银行、网上支付、网上证券及网上商城为核心的网络银行服务体系，并经央行批准成为国内首家开展网上个人银行业务的商业银行。1999年12月，建设银行在北京宣布推出网上支付业务，成为国内首家开通网银的国有银行。

2002年7月3日，在召开的国家信息化领导小组第二次会议上，审议通过了《国民经济和社会发展第十个五年计划信息化重点专项规划》《关于我国电子政务建设的指导意见》和《振兴软件产业行动纲要》。

2003年10月，阿里巴巴推出"支付宝"，致力于为网络交易用户提供基于第三方担保的在线支付服务，正式进军电子支付领域。2004年，阿里巴巴集团与英特尔合作建设中国首个手机电子商务平台。2005年2月，支付宝推出保障用户利益的"全额赔付"制度，开国内电子支付的先河，当年7月又推出"你敢用，我敢赔"的计划。2005年4月1日，《电子签名法》正式施行，它是中国信息化领域的第一部法律，奠定了电子商务市场良好发展态势的基础，同年10月26日，中国人民银行出台《电子支付指引（第一号）》，全面针对电子支付中的规范、安全、技术措施、责任承担等进行了规定。

2008年全球金融危机爆发，全球经济环境迅速恶化，致使我国相当多的中小企业举步维艰，尤其是外贸出口企业受到极大阻碍。受产业链波及，外贸在线B2B首当其冲，以沱沱网、万国商业网、慧聪宁波网、阿里巴巴为代表的出口导向型电子商务服务商，纷纷或关闭，或裁员重组，或增长放缓。在外贸转内销与扩大内需、降低销售成本的指引下，内贸在线B2B与垂直细分B2C却获得了新一轮高速发展，不少B2C服务商获得了数目可观的VC的资本青睐，传统厂商也纷纷涉水，B2C由此取得了前所未有的发展与繁荣。而C2C领域，随着搜索引擎巨头百度的进入，使得网购用户获得了更多的选择空间，行业竞争更加激烈化。该时期电子商务行业优胜劣汰步伐加快，模式、产品、服务等创新层出不穷。

在21世纪，中国经济实力能否缩小与欧美的差距，很大程度依赖于中国对这场新经济革命的参与程度。发展我国的电子金融业已是我国经济进入世界市场，参与全球化竞争不可回避的选择。

三、电子金融所带来的风险表现

电子金融在促进金融发展的同时，也带来了更大的风险。除了具有传统金融的一切风险外，电子金融还具有以下几个特有的风险表现。

(一)风险影响的范围扩大

电子金融的发展使得金融市场风险的影响范围扩大。以互联网为基础的电子金融真正是一个无国界的领域。这种无国界的性质将各国的金融行业紧密联系起来。这就使得金融市场无论出现正面或者负面的因素,其影响都是国际性的。各国的股市都有很大的关联性,美国股市的涨跌就会影响到全球其他股市的涨跌。高效的金融网络使得危机的传播速度加快,使得金融市场更加脆弱。任何一个小小的信息,都通过互联网这一平台,以光的速度在国际市场上流入流出。现在金融行业呈现出了牵一发而动全身的格局。

(二)金融管理难度加大

电子金融的发展加大了金融的管理难度。由于电子金融使得世界形成了一个完整的金融市场,它增强了资金的流动性,资金必然流向收益更高的地方,因此单个国家对于金融的态度就决定了资金的流向,过于严格的监管,会使得本国金融市场的发展受到影响。现在,很多金融公司每时每刻都对货币或股市做出评估并公之于世,这些金融机构的评估对资金的流向起到了重要作用。在这种情况下,任何一个国家都不太可能有自己足够的储备来较长时间地控制本国的汇率。

(三)金融预测能力下降

电子金融的发展使得人们对于未来金融市场的预测能力下降。互联网上拥有海量的金融信息,这些信息的交互使得人与人之间对于未来市场的预测各有不同,人们更难在预测上达成共识。而且由于个人很难将全部信息收集齐全,所以预测的准确性也会受到影响。同时,在互联网上的信息并不能保证一定都是真实的,很多人把虚假的信息当作真实的信息并据此做出预测,结果必然不会是客观的。因此,这种复杂性使得人们对金融市场的未来预测能力降低。

第二章 数字金融的基础理论

第一节 数字金融的相关概念

一、数字金融

2020年4月世界银行发布的《数字金融服务报告》中提到,数字金融是传统金融部门和金融科技企业利用数字技术进行金融服务的金融模式。数字金融是数字技术与传统金融的相互融合与相互渗透,是在传统金融的基础上表现出来的新形势、新技术、新模式。

数字金融利用数字技术,将传统金融服务降低成本,扩大覆盖范围至原本受到金融排斥、难以获得有效金融服务的弱势群体,如城镇低收入者、农民、现金流较小的小微企业等,有助于推动普惠金融的发展。

二、互联网金融

互联网金融在20世纪90年代逐渐兴起。作为一种新的金融行业,它是一个依托互联网提供各种金融产品和金融服务的虚拟性金融市场,是把金融和互联网技术深度融合,充分利用各种互联网新兴技术,如第三方支付、大数据统计分析等,为更多的客户提供更加多样化和方便快捷的金融服务的金融新方法。虽然与IT技术紧密相关,但互联网金融绝不是简单地将互联网技术与金融结合起来,而是注重扩大客户的范围和服务,以客户为导向,提高金融市场的参与率,为客户提供更加优质和全面的服务。

数字金融和互联网金融定义看似相近,但这两者的核心并不完全相同。互联网金融的核心在于通过互联网技术将相应的金融服务开放给客户;而数字金融的核心在于充分利用数据,并利用数字技术对数据进行分析和审核。

第二节 数字金融理论基础

一、金融排斥理论

金融排斥（Financial Exclusion）理论由 Leyshon 和 Thrift 在 1993 年提出，主要是指金融生活中部分弱势群体如农民、城镇低收入人群和盈利情况相对不稳定且现金流较少的中小微企业被金融机构边缘化，金融机构难以或者不愿为其提供合理的金融服务的现象。在金融排斥现象中，主要包括两种情况：一是受排斥的弱势群体在向金融机构获取金融服务时因地理、价格、条件等众多原因导致成本过高；二是受排斥群体根本无法获得金融服务。

从金融机构的角度探究金融排斥现象产生的原因可以发现，由于受排斥群体人员分散，所需要的金融服务量度较小，金融机构为其提供金融服务的边际成本较高，而收益极低，不符合金融机构经营的营利性原则，同时金融机构受逆向选择和道德风险的约束影响，总体不愿为受排斥群体提供金融服务。

从受排斥群体的角度探究金融排斥现象产生的原因可以发现，受排斥群体的整体财富值相对较低，即使其资产、盈利能力等达到金融机构的服务门槛，可以为金融机构带来的收益也远远低于其他群体，因此受到金融排斥。

金融排斥问题与普惠金融的目标原则相悖，金融排斥问题的存在为普惠金融的出现和发展提供了必要性和现实基础。

二、长尾理论

长尾理论（The Long Tail）最早是由美国人 Chris Anderson 在 2004 年首次提出，它是对传统"二八定律"的突破。

意大利经济学家帕累托在 1897 年提出并应用至今的"二八定律"中，20% 的人口享有 80% 的财富。应用到商品经济中，特别是奢侈品市场中，企业 80% 的利润是由 20% 的优质客户提供的，所以传统的商业计划中会更加注重和挖掘这 20% 的优质客户，而对剩余只能提供 20% 利润的 80% 客户关注较少。

长尾理论中的销量和利润并不能完全等同，因为传统模式下，每一种商品种类的增加都需要一定的成本，当销量低到某个程度时就会产生亏损。但如果在当前互联网销售渠道下，技术发达，覆盖范围广，成本就会大幅降低，使挖掘蓝色部分的销量和利润成为可能。

在传统的金融市场中，蓝色部分代表普通居民、农民、城镇低收入者、中小微企业等受到金融排斥的对象，这些客户组成了一个巨大的长尾市场。由于传统金融机构在开发这部分用户时，需要付出大量的成本，如投入网点建设、安排大量员工进行服务等，来自长尾市场的收益难以覆盖金融机构人力、物力的成本支出。但是当前信息技术迅速发展，数字金融利用数字技术，通过线上推广的方式降低了长尾客户的获客成本和推广费用，这就使长尾理论的应用具备了技术条件，将金融的长尾市场成为重要利润来源。同时，我国经济发展迅速，普通居民收入增加，可支配资金增多。在副业意识增强的今天，居民的消费意识和理财需求不断增加，导致我国金融市场的长尾客户不断增加，数字金融利用数字技术使长尾理论的应用成为可能。

三、信息不对称理论

在传统金融市场中，各个行业分业经营与管理，追求专业化，证券、保险、银行等主要金融机构之间的联系相对较弱，交易双方信息不对等。在这种情况下，掌握信息较多的一方更容易在金融业务中获取更高的利益，比如在股票交易中，对企业财务、战略等信息具有更多了解的投资者更能及时调整投资策略进而避免风险和获取高额收益，而普通股民因了解到的信息不够全面、及时而更容易承担风险，在股票交易中遭受损失。

金融市场中的信息不对称问题容易带来道德风险和逆向选择。商业银行的贷款业务中，部分农村居民的信用记录难以获取，所以即便这部分居民的信用良好，银行也会为了降低违约风险而拒绝为这部分居民提供贷款服务，金融的可得性因此受到影响。充分利用数字技术，可以从更多的角度和业务记录中获取客户的数据和信用记录，通过大数据进行统计和分析，对更多的客户进行资质审查，识别优质客户，扩大金融服务范围，同时也能更好地降低业务风险，提高盈利水平。同时，对于客户来说，随着互联网信息的增加，客户可以通过互联网了解金融机构的业务数据、方针政策、经营状况和牌照、资质等信息，从而提高在金融领域的信息可得性，降低投资风险。

四、金融风险管理理论

金融风险管理理论最早出现在20世纪30年代，在1929年美国金融危机爆发的阴影下应运而生。风险管理理论主要分为内部风险管理和外部风险管理两方面。内部风险管理主要是金融机构针对自身经营战略、财务状况、内控制度等方面进行风险管理。外部风险管理的主体主要涉及金融监管部门、行业自律组织、评级机构等。这些主体对金融机构交易活动产生的金融风险进行管理和应对。

数字金融领域机构众多，业务总量大，一旦风险成真，会造成行业内甚至整个经济体系的动荡，产生巨大损失。因此进行金融风险管理非常有必要。金融风险管理主要包括三个环节：风险识别、风险评估和对金融风险的防控和处置。

第三节 数字金融的风险识别与分类

数字金融依旧归属于金融领域，因此数字金融依旧存在传统金融风险，比如市场风险、信用风险、流动性风险、操作风险、法律风险等常规性风险。同时，它也面临着一些传统金融风险以外的特殊风险，如长尾风险、信息安全和技术风险、运营风险、期限错配风险、衍生风险等。

一、常规性风险

数字金融隶属于金融的范畴，虽然在一定程度上可以利用互联网信息技术化解一些金融风险，如利用大数据征信来进一步了解客户的信用记录和日常消费行为，更精准地识别客户，降低客户违约的可能性，但这些风险并不能完全化解，依旧面临着传统的金融风险。

信用风险是金融领域较大的风险之一，同时也是数字金融面临的重要风险。这种风险产生的主体包括资金供给方、中介平台方、资金需求方等。以数字化理财业务为例，虽然数字化理财平台要有国家授予的牌照才能运营，但这仅意味着国家允许此类业务经营，由于数字化理财平台的资产规模、风险管理水平参差不齐，同时缺乏国家信用作为赎回担保，某些理财产品并未完全由保险公司承包，因此具有较高的信用风险。

流动性风险是数字金融面临的重要传统金融风险。以数字化理财为例，当前重要的数字理财产品包括货币基金等，一般这类产品直接采用"T+0"的模式，当投资者受到不良信息的诱导时，容易集中赎回，造成挤兑现象，给金融市场带来较大的流动性风险。

市场风险同样不容忽视。数字金融产品与各行业联系紧密，因此任何金融市场的波动都可能给数字金融带来风险，比如股票、基金市场的价格波动导致数字化理财产品的波动性风险。

二、特殊性风险

数字金融以数字技术和信息为基础，技术风险是不可避免的。我国数字技术处于迅速发展的时期，但仍存在加密技术不完善、病毒攻击、数字技术与平台客户端兼容性不足等问题，数字技术一旦出现问题，如客户理财支付记录、办理业务信息受损，数字金融业务将会面临巨大的损失和毁灭性的打击。

信息安全风险很大程度上由技术风险导致。当互联网病毒对平台进行攻击或者工作人员操作不当时，客户的信息面临泄露的风险。客户信息一旦被不法分子盗用，便会产生巨大的经济损失。此外，信息安全风险也可能来源于客户本身。生物识别技术在数字金融中的应用越来越多，指纹识别、角膜识别、刷脸支付等都已经是日常操作。不法分子获取人类生物特征的途径增多，比如通过表情拍照等游戏获取客户生物数据、利用AI技术进行表情调整等，这些都给数字金融的发展带来信息安全风险。

长尾风险是数字金融面临的客观风险。数字金融的客户很大一部分是难以获取金融服务的群体，而这部分群体如农村居民、城镇低收入者、中小微企业等，难以获取传统金融机构服务的原因在于他们自身收入不稳定、征信记录不完善、缺少抵押物等。对于传统金融机构来说为这部分人群提供金融服务更加费时费力费工，获取的报酬难以平衡这部分额外的支出，不满足金融机构的营利性原则，同时这部分群体的商业银行不良贷款率高于其他群体，对于风险的防范意识较弱，缺乏基础的金融知识，因此金融机构会面临更多的风险，这种风险可称为长尾风险。而数字金融服务的客户包括很多长尾市场的客户，因此长尾风险是数字金融难以避开的风险。

运营风险也是数字金融面临的风险之一。数字金融的服务对象之一农村居民居住范围分散，金融基础设施不够完善，他们的金融需求与农业生产紧密相关，同时单人金融服务金额需求较低，导致金融机构的成本增加，盈利较低，收益周期较长，存在运营风险。

数字金融将金融服务普及开来，曾经仅有部分客户可以享受到的投资建议可能会批量提供给所有群体，在羊群效应的影响下，这种服务可能使投资建议失效，甚至扰乱金融市场秩序。

此外，数字金融的发展还可能带来一些衍生风险，比如洗钱风险、套现风险等。一些互联网理财产品利用信息不对称问题，可能挪用投资者资金，造成挪用风险；在数字支付领域，支付机构对于客户的核实、认证等环节监督不够完善，部分用户利用数字支付来进行信用卡套现，导致套现风险、洗钱风险的增加。

第三章 数字金融服务的主要技术

第一节 现代数字金融技术特点分析

自20世纪90年代后期以来，计算机以及网络技术的迅速发展给人们的生活方式和社会运行模式产生了深远的影响。2007年以后，移动互联网技术的崛起再一次影响了社会的方方面面。在信息技术快速发展的过程中，金融业作为社会经济的命脉，也在不断调整其发展战略和思路，增强金融信息化服务，如手机银行、ATM、区块链等技术获得快速推广。

金融数字化给客户带来了全方位的优质体验，通过规避网络安全风险，制定监管规则可创建优质的数字银行环境。银行可向客户提供多种金融交易渠道，客户可以采用与银行互动的方式，获得优质的服务渠道，例如，客户通过手机银行可随时随地进行支付并实时跟踪其消费的详细数据。手机银行App是金融数字化的必然趋势之一，这些应用软件程序可以让客户便捷地查询其在金融机构的财务信息，同时最大限度地提高资金的利用率。金融机构采取安全的交易平台和数字加密技术来保障交易安全，提高终端用户的体验。

ATM已获得普及，性能不断增强，已具备存款、取款以及其他扩展服务的能力。新技术带来的拓展功能还包括双向视频连接远程柜员机、通过智能手机接入ATM等。金融机构正在不断增加ATM的配置量，以增加服务能力，降低经营成本，有效增强客户体验和自助服务能力。

区块链技术是当前数字化金融领域的热点之一。区块链由参与系统的所有节点集体维护，提供了去中心化的信用建立模式，具有不可篡改、不可逆转、透明、安全等特性。现代金融技术的进步大大推动了金融业的发展，研究这些技术的特点及其存在的缺陷或漏洞，可进一步推动相关金融技术的进步，对金融业的健康发展具有重要意义。

一、手机银行

计算机及互联网技术的迅猛发展有力促进了互联网金融的兴起。随着智能手机的普及，手机银行逐步兴起，给传统银行注入了新的活力，成为银行转型升级的重要途径。手机银行具有方便快捷的特点，满足了快节奏的生活方式，提高了工作、生活及学习效率。随着4G网络的普及以及5G网络的发展，手机银行发展前景广阔，客户可随时随地获得金融服务，同时大大扩展了银行的服务半径，为金融机构的蓬勃发展奠定了坚实的基础。

近年来，美联储就金融交易的移动设备客户使用情况进行了年度调查。调查结果显示，客户正逐步利用手机银行进行交易、账单支付、预算制定及购物。2019年，美联储估计智能手机约占71%，大约有39%的用户使用了手机银行服务。

我国手机银行从21世纪初开始起步，随着移动互联网技术的不断升级，手机银行也在持续更新换代，经历了短信、WAP以及App三个阶段。统计数据表明，全国手机银行用户数量增长较快，2020年个人手机银行用户比例达到42%，较2019年增长了9.6%。手机银行突破了金融原有的核心功能，逐渐成为金融和生活之间的桥梁，它不仅提升了客户的满意度，还对接了银行线上的金融功能与线下的生活服务，使得金融机构与用户之间形成了良好的互动。

虽然手机银行业务在过去的数年中增长较快，但由于安全性方面的担忧，手机银行业务的发展面临瓶颈，与2019年相比，2020年的手机银行用户增长速度下降明显，主要是因为第三方支付以及客户对手机银行安全方面的担忧。手机银行的安全性包括电子货币使用是否安全、手机银行运行机制是否安全等。基于云计算的实时网络安全监测供应商Webroot指出，金融机构面临来自数据挖掘和信息窃取、SIM卡欺诈、网络钓鱼以及工程技术等多方面的持续威胁。如果交易安全不能得到有效保障，用户将难以接受该服务。一旦能够消除手机银行的安全隐患，那么个人手机银行将有很大的发展空间。

移动互联网是一个开放环境，面临诸多安全问题，尽管推出了若干安全措施，如静态密码、动态密码、银行口令卡等，但金融安全事故依然频发。因此，有必要从设备软硬件技术及政策法规着手，努力增强手机银行业务的安全性。（1）采用虹膜识别、指纹识别等先进生物特征识别技术来有效增强手机银行硬件载体，即手机终端的安全性，消除手机银行的安全隐患。（2）定制个性化的手机银行安全软件系统，从技术层面出发解决安全隐患，为手机银行的发展提供安全稳定的环境。（3）尽快完善手机银行的相关规范。加强完善手机银行相关政策法规的建设，有效控制手机银行业务的风险，维护金融行业的稳定，这需要政府、监管部门及交易各方的共同努力。

二、自动柜员机

自动柜员机（ATM）是出现最早、最常见、使用最普遍的银行自助设备，它克服了柜台服务在时空上的限制，可灵活、便捷地为客户提供以现金交易为主的自助式服务。经过几十年的发展，ATM已经成为商业银行的一个重要服务渠道，也是各大商业银行争夺市场、提高收入、扩大影响力的重要手段。但在ATM的发展过程中也一直伴随着风险，其风险与ATM业务涉及的诸多方面有关，如后台操作、设备自身的性能、规章制度等。

新业务及岗位交接导致后台操作风险易发。一方面，在现代科技的驱动下，ATM运用了越来越多的新技术为客户提供多样化的服务、改善使用体验，同时提高自动化程度及工作效率；其后台业务操作流程和操作方法也相应发生变化，后台操作人员需要一定的时间熟悉新业务，在此过程中容易出现失误，进而影响ATM业务的正常运行；另一方面，ATM基层管理工作发生交接后，需要一定的时间熟悉岗位工作，导致工作低效、差错率上升。

与ATM设备软硬件相关的风险主要包括：①软件漏洞致使设备易受攻击。软件的可靠性至关重要，但ATM的软件由第三方提供，难免存在潜在的漏洞，给黑客攻击提供了可乘之机，导致ATM业务处理发生异常。②设备硬件自身的安全防护能力不足。不良的外部工作环境导致设备稳定性下降、故障率上升，ATM在防范不法分子利用各种技术手段进行犯罪的行为方面能力有限，使银行和客户蒙受损失。③敏感数据泄露。ATM设备中存有客户交易的敏感数据，有意或无意的泄露时有发生，对客户隐私造成损害，同时银行声誉也蒙受损失。

与ATM规章制度相关的风险主要包括：①ATM业务发展迅速，相关制度建设未能及时跟进。②制度约束流于形式。银行片面追求考核指标，往往没有严格履行定期或不定期的业务风险检查，存在风险检查前补充材料、检查之后又恢复到原来乱象的问题。

为了保障ATM业务能够持续健康地发展，风险分析与防范就显得特别重要。针对上述风险，应加强制度建设、加强对ATM的专业化管理、加强对员工的合规教育、加强对设备的主动巡查和监控、改善其运行环境、持续增强软件系统的安全，避免软件漏洞，奖惩并举，从而有效控制风险，促进ATM业务的健康发展。

三、区块链

区块链由一连串的数据块构成，每一个数据块由密码算法生成，可以通过该块的哈希值或指纹标记对数据块进行识别。区块链记载了所有元数据以及加密的交易信息，从而建立起一个完全基于点对点（P2P）技术的电子现金交易系统，在线支付的双方利用该系统可直接进行交易，无须通过第三方金融机构。区块链由参与系统的所有节点集体维护，提供了去中心化的信用建立模式，具有不可篡改、不可逆转、透明、安全等特性。区块链的基础技术包括哈希算法、时间戳服务、工作量证明机制、权益证明机制、P2P 网络技术、非对称加密技术等。麦肯锡在 2016 年 7 月的研究报告中指出：继蒸汽机、电力、信息和互联网之后，区块链技术是最有潜力、最具颠覆性的核心技术。

区块链是数字货币的核心支撑技术，数字货币的成功应用又有力促进了区块链技术的深入研究。区块链技术已经得到诸多金融巨头的重视，花旗银行、摩根大通、高盛、汇丰银行等都已与区块链公司开展合作，研究区块链技术在金融领域的潜在应用。麦肯锡研究报告指出：区块链技术可应用于数字货币、跨境支付与结算、票据与供应链金融业务、证券发行与交易、客户征信与反欺诈等多个金融领域。

虽然区块链在较短的时间内就取得了巨大成就，但任何科技的发展都是一把"双刃剑"，在充满机遇的同时也面临诸多挑战。

区块链技术存在完整账本的存储空间巨大，全网广播式的信息分发要求网络性能优异，区块生成时间长可导致交易效率低下、计算能力浪费严重、升级成本高等问题。更加严峻的是区块链技术存在安全隐患，主要包括私钥丢失、实现出错和协议受到攻击三个方面：①私钥安全是区块链不可逆和不可伪造的前提。每个用户自行生成且自行保管私钥，理论上不存在第三方知道私钥，私钥一旦丢失，用户将无法对自己的账户资产进行任何处理。②区块链技术运用了大量密码技术，涉及高度密集的算法，错误难以完全避免。以太坊去中心化自治组织的合约漏洞致使其在业务开展前就丢失了准备金；全球闻名的比特币交易所 Bitfinex 由于多重签名存在缺陷导致多达 12 万个比特币的损失等。③算力是系统稳定的保障，如果算力不足，理论上将越易受到诸如在基础协议层面的 51% 算力的攻击，Krypton 平台曾遭到类似攻击，且该攻击方法被视为对以太坊进行攻击的有效手段。如果存在持续的"51%算力攻击"，那么区块链将失去"不可篡改"的优势，基于此技术的信用将被遭到毁灭。由此可见，对于区块链技术，在进行应用推广的同时，需要加强技术风险防范，保障交易安全。

虽然我国尚处于区块链技术研究阶段，类似比特币这样的数字货币在我国还未得到合法认可，但是未来在区块链上交易的数字资产越来越多是必然趋势，不同区块链也必将互联互通。因此，政府和监管部门将面临艰巨的任务，亟须尽快制定相应的法律法规与技术标准，加强监管与风险防范。

现代科学技术持续为新兴数字金融业务的发展注入新的活力，手机银行、ATM、区块链等技术正在蓬勃发展，已成为柜台业务之外重要的交易方式。这些技术为顾客带来便利、为金融机构带来利益的同时也伴随着诸多潜在的业务风险。控制业务风险对促进这些新兴金融业务的发展具有重要意义，它可有效保护消费者的权益，提升顾客对这些新兴金融业务的信赖程度，切实保护金融机构和消费者的资金安全，防范和化解相关金融风险；有力提升金融机构的竞争能力，促进新兴金融业务的健康有序发展，维护和提升金融机构的声誉。

第二节　区块链与数字金融技术体系

数字金融是国家数字经济战略中的核心内容，持续创新是数字金融技术体系的本质属性。区块链作为数字金融技术体系中的核心技术之一，是我国数字金融领域重点应用和关注的技术方向。从数字金融的需求和问题导向出发，未来需要重点关注和突破区块链技术7个方面的挑战，包括区块链体系架构、隐私保护、监管和审计、信息安全、核心模块和技术标准、与其他技术的融合创新等。突破这些挑战将有助于区块链技术与数字金融应用创新相互驱动融合，形成区块链技术创新研究和应用创新的双循环生态，助力国家数字经济健康快速发展。

数字金融目前是区块链技术第一大应用领域，本文将从产业实际应用的视角，提出区块链在数字金融应用中面临的多方面挑战和其发展建议，希望从需求导向和问题导向的角度，为产学研用各界提供参考，共同推动区块链技术创新，促进区块链技术持续在数字金融领域发挥核心作用。

一、数字金融的国家战略意义

建设数字中国，发展数字经济是国家重点战略和长期目标。数字金融是国家数字经济战略中的重要组成部分，根据中国人民银行和世界银行合作的报告《全球视野下的中国普惠金融：实践、经验与挑战》中对"数字金融"的定义，"数字金融"

泛指传统金融机构和新提供商在金融服务的交付中运用数字技术的业务模式。数字金融既包括传统金融服务提供者对数字技术的运用，也包括金融科技公司自身。

数字金融技术是数字金融的核心驱动力，持续创新是数字金融技术体系的本质属性，区块链是其中的核心技术之一。因此，区块链在数字金融领域的应用所面临的问题和需求，可作为区块链关键核心技术发展的重要驱动力。

二、区块链技术在数字金融领域的应用

经过十多年的发展，区块链技术有了长足的进步。因其提供了全新的数据共享模式、业务协助模式和监管模式，被广泛应用于贸易金融、供应链金融、资金管理等多个数字金融领域，发挥出其作为数字金融基础设施的应用潜力。在贸易融资领域，区块链技术应用的典型场景包括信用证、福费廷、保函、保理、票据等。典型案例如由中国人民银行数字货币研究所主导的央行贸易金融区块链平台以及数字货币研究所会同上海票据交易所组织相关单位建设的数字票据交易平台等。基于区块链技术的贸易融资应用创新提高了单据流转效率和全流程效率，降低了重复融资及融资诈骗风险，也减轻了金融机构的服务成本。在供应链金融领域，区块链技术应用的实践案例较多，包括动产质押、应收账款、库存融资等场景，工行、农行、建行等国有银行都在推进区块链供应链金融应用实践。在资金管理领域，目前雄安新区、贵州等地政府在脱贫、拆迁及相关的政府项目资金管理场景中也应用了区块链技术。

按照国务院和中国人民银行的工作部署要求，中国人民银行数字货币研究所主要负责国家法定数字货币的研发运营以及相关的金融科技建设工作。数字货币研究所从2015年开始研究区块链以来，一直致力于区块链核心技术突破和实体业务场景的创新实践。为贯彻落实国家"深化金融改革开放，增强金融服务实体经济能力，推动我国金融业健康发展，服务中小企业"的要求。2018年9月，数字货币研究所推出了贸易金融区块链平台，致力于解决中小企业"融资难、融资贵"等问题。截至2020年11月底，数字货币研究所承建和运营的贸易金融区块链平台累计注册银行50家，累计交易金额2249亿元。区块链技术凭借数据可信共享化、参与主体对等化、管理手段多维化等优势，可提升不互信主体间的信息透明度，促进多方信息共享和协同操作，丰富多参与方的权责对等和有效协作机制，有效实现每一个参与主体的身份对等、权责对等、利益对等。同时，区块链技术也可提升监管部门获取监管数据的及时性，实现全面监管数据采集和穿透式监管。随着应用的持续深入，区块链技术在数字金融领域面临的需求和挑战也逐步增多。

三、区块链技术在数字金融体系中的挑战

金融系统对区块链技术有 5 个方面的基本需求,包括:性能方面要求保障数据一致性、交易吞吐量、交易速度;互联互通方面要求保障跨链互操作、互通性等;隐私保护与安全治理方面包括隐私保护、数据安全、漏洞防护、系统治理等要求;业务连续性方面包括决策协同、合约升级等;监管方面要求符合监管机构的监管和审计要求。从这些基本需求出发,目前区块链技术在数字金融应用中存在 7 个方面的关键技术挑战,包括架构方面、隐私方面、监管和审计方面、网络与信息安全方面、核心模块和技术方面、标准方面、与其他技术的继承改良和融合创新等方面。

(一)区块链架构方面的挑战

多向突破提升区块链的性能和可扩展性性能是区块链面临的主要挑战之一。一是,可通过例如闪电网络和侧链等技术来突破提升区块处理能力。闪电网络方式通过序列到期可撤销合约(RSMC)来实现资产所属权从单人控制到多人控制的转换,通过哈希时间锁定(HTLC)将点对点的支付通道扩展成支付网络,将原本主链上的交易清算切换到链下批量地计算,将最终状态提交到主链去做结算,通过这样的方式,提升整个区块链平台的交易吞吐量。侧链方式则是通过 Rollup 等技术将交易在侧链中集中验证和打包后,生成简短的证明提交到主链,因此主链进行验证所需要的计算量远远小于对交易进行逐笔验证所需要的计算量。二是架构设计上的优化,可以实现从单链主链到多链子链、从串行架构到并行架构等转变。例如从串行到并行,一条区块链计算的都是同样的内容,要提升它的性能,就需要将其划分为多个链,而为了保持多个链状态的同步,跨链交易就很重要,并行架构的优势就体现出来了。并行架构可以分为星型架构和平行架构,其中星型架构中的跨链交易依赖根链完成,平行架构中的跨链交易则通过链间通信等方法实现最终一致性。三是无状态证明技术的应用。以采用 UTXO 模式的区块链平台为例,往往会涉及存储在内存中的 UTXO 状态爆炸的问题。

业界引入的无状态证明技术,有的是基于默尔克树,有的是基于向量承诺,通过外部增加存储的方式,将原有的验证压缩成一小段数据,换取交易验证的高效率,进而提升整个平台的性能。无状态证明验证未来有 3 个发展方向,首先,提升压缩后数据的验证效率;其次,完善过渡机制,需要对原有系统,包括核心代码和激励机制等进行较大的改造,如何实施过渡则需要进行创新性设计;最后,与零知识证明的融合,类似于 ZK-rollup 这样的零知识证明,也是未来无状态验证的重要发展方

向。除了以上提到的几方面技术突破，还有很多技术方向可以优化区块链性能和可扩展性，如从软件优化到引入硬件加速，从消息全网广播到消息定向发送等。

（二）区块链隐私方面的挑战

推进前沿隐私保护密码技术的实用化，区块链应用中能实现数据"可用不可见"效果的三大主流隐私保护技术（高级密码协议）零知识证明、多方安全计算、同态加密目前均距离产业实用还有很大的鸿沟，需要强化工程实现能力，结合需求落地场景。

零知识证明技术能应用在匿名支付、身份验证/KYC、资产转让、范围证明、区块链扩容、合规监管等场景下。目前学术界涌现了各种理论方案，1985年密码学家首次提出交互零知识证明方案 GMR85，1988年首次提出非交互零知识证明方案 BFM88，一般过去几年才出现一个，或者一年出现几个零知识证明系统，但2018年以来出现的零知识证明系统方案数量几乎超过了过去30年所有历史方案数量总和，比如2019年至今出现的部分新的零知识证明系统就包括：Libra、Sonic、SuperSonic、PLONK、SLONK、Halo、Marlin、Fractal、Spartan、简洁 Aurora、Halo2、OpenZKP、Hodor、GenSTARK、RedShift、AirAssembly等。零知识证明技术突破方面，除了通过创新理论方法来提升系统实用性，还有结合硬件进行性能优化，基于格密码提升抗量子能力等新突破方向。目前央行数字货币研究所也与上海交大、浙大、数据所等机构一起承担了密标委的零知识证明技术标准研究项目。

多方安全计算可应用在联合建模、联合预测、联合查询等数字金融场景中。除 PSI(隐私保护集合交集)模式下的少部分技术实现路线，能将隐私计算控制在与明文计算比相差十倍性能之内，其他很多场景内的各种多方安全计算技术离产业实际应用都还有很大距离。多方安全计算目前有很多的技术创新发展和突破方向，包括基于编码（LPN）的低通讯、高计算效率的相关不经意传输协议（OT）；线上模式与线下模式（预计算）结合；突破传统的对称结构，使用非对称结构，例如，非对称的基于掩膜的秘密分享；与机器学习技术的结合；工程实现上采取软硬件结合的创新方式等。

同态加密可应用在云计算中的金融数据检索、云计算中的金融数据共享、支付隐私保护、签名等很多场景中，也被誉为密码学中的"圣杯"。2020年6月初，IBM发布了适用于MacOS和iOS的完全同态加密（Fully Homomorphic Encryption，FHE）工具包，同年8月份发布新的Linux FHE工具包。国际上现在也正在推进同态加密标准的制定。目前国内一些金融机构已经在使用同态加密做数据共享分析，效率也是最大的瓶颈。从技术本身来看，同态加密的应用存在很多实用性限制，如多数方案基于整数，处理浮点数时存在精度损失等问题；同态加密运算量大，会导致密文膨胀，因此需要较大的计算存储资源投入；多数方案主要是基于线性计算，非线性计算方面效率低、精度差；公钥尺寸较大，严重影响密钥管理与身份认证的效率。此外，全同态加密算法理论仍需要突破等。从整体上来看，同态加密还需要从性能、实用性、易用性等方面进行突破。

（三）区块链监管和审计方面的挑战

区块链也需要加强审计和监管，很多应用场景需要在保护机密性或匿名性的前提下，实现合规性审计和穿透式监管。但是隐私保护和可监管两者需要进行平衡，比如交易双方需要保护交易身份、交易数据、交易行为等机密性和匿名性，而监管方则需要保证区块链金融交易要合法、可管可控。如果要保障密态交易合法性和公开可认证，实现交易金额和身份等信息的穿透式监管，就需要实现隐私保护和可监管技术的创新结合。2022年央行数字货币研究所联合清华大学举办的金融密码创新大赛中就有大量融合各种隐私保护技术和可监管功能的创新方案。

（四）加大威胁监控和感知

目前，除了最常见的区块链应用层安全风险，在骨干网、P2P网络等层面的安全问题也越来越多，需要建立区块链安全监控和威胁感知能力，实现安全监测预警、态势感知、管控溯源，也要严防严控利用区块链匿名特性从事非法交易、洗钱、诈骗等违法行为，要通过对境外区块链的大数据分析，提升对境外有害公有链的封堵能力。同时还要加强区块链的可管理、可监控、业务连续性保障机制建设。

此外，智能合约也面临大量的安全威胁。一是智能合约开发安全，基于C语言等很多面向对象的编程语言，会带来很多编码上的漏洞，从而会导致智能合约的实现漏洞。二是智能合约安全测试方面也需要加强，合约出现大量漏洞，本质上是合约虚拟机的设计与开发者意图描述有差距。研究开发安全自主的智能合约开发语言是其中的一个重要突破方向。

（五）区块链核心模块和技术的挑战

区块链核心系统的模块化和解耦是未来的发展趋势之一，这样将能有效降低安全风险，提升系统效能。因此要从理论研究、设计到开发的各个阶段，对区块链系统核心模块的最优实践进行创新突破，如账本技术方面，包括创新的账本设计方式、提高性能和吞吐以及现有账本技术的最佳开发实现等。智能合约方面，可提出安全自主的开发语言，开发形式化验证友好的合约虚拟机等；P2P方面，要提出高性能、高应用质量、高扩展性的 P2P 网络框架和模型（如分布式和混合式）等。共识算法方面：一是要加强针对不同网络环境、不同节点数目等多维度的共识算法的理论设计创新，并在工程实践方面与理论设计相辅相成，在正确实现的前提下对理论设计进行反馈；二是要提高共识算法的多样性，针对不同应用场景有相对合适的共识算法选择，不仅有通用的协议，也存在专用协议的选择。

（六）区块链技术标准方面的挑战：抢占规则和标准的话语权

目前我国在 ITU、ISO、IEC 三大国际标准组织中牵头或者参与的区块链标准数量仍然不多。在国内标准方面，全国信安标委、金标委、全国区块链和分布式记账技术标准化技术委员会、密标委等均在推进区块链相关标准，但区块链相关核心技术标准不多，同时应用性的行业标准也需要加强。

数字货币研究所一直高度重视金融区块链标准生态体系的建设。在行业标准方面，金标委牵头发起或者牵头组织编写了《金融分布式账本技术安全规范》（JR0184-2020）、《分布式账本贸易金融规范》、《区块链技术金融应用评估规则》（JR/T0193-2020）等技术和应用标准。在国家标准方面，数字货币研究所联合清华大学王小云院士团队在全国信安标委正在推进制定《区块链技术安全框架》国家标准。在国际标准方面，与中国信息通信研究院、华为公司等在三大国际标准组织之一 ITU-T 成功立项国内首个金融区块链标准《金融分布式账本技术应用指南》。

（七）区块链与其他新技术的融合创新挑战

数字金融技术体系本身是一个融合了继承和创新特性的技术体系，区块链技术作为核心技术之一，需要做好与其他技术的继承改良和融合创新。其中也面临两方面的挑战：一是区块链技术要做好基于传统成熟技术优势进行改良的工作。区块链技术正在迈向成熟发展的过程中，与传统信息技术的融合是势在必行，这种融合能够克服区块链本身技术的不够成熟、监管的困难性、安全问题、存储问题、数据上链的真实性问题等。二是区块链与其他新数字技术融合创新的挑战。数字金融应用会融合多种技术，需要考虑区块链和人工智能、安全芯片、物联网、边缘计算、生物识别、分布式存储、分布式数据库、移动支付、数字身份、前沿安全技术、机器学习、5G、量子技术等技术的有效融合，实现技术叠加的乘法效应。

第三节 数字金融在中国的发展及监管

金融是现代经济发展的血脉，其本质是"资源配置的跨时期最优化"。金融与经济密切相关，经济健康发展离不开金融的有力支持。随着互联网、移动通信和云计算等技术的发展，金融业正在发生新的变化。传统的线下交易服务已经不能满足社会需求，与新科技相关的数字金融正在兴起。数字金融在极大地便利民众的同时，也带来一些新的社会问题，其严重影响了金融活动的正常展开，也阻碍了社会的和谐有序发展。为更好地适应新时代金融发展的需要，给人们提供广泛、便利、快捷的金融服务，不断提高金融服务的覆盖率、可获得性和满意度，必须进一步加强金融制度建设，有效规制金融活动，及时化解数字金融风险，共同推进数字金融的健康有序发展。

一、数字金融的表征

数字金融与科学技术发展密切相关，其是依托移动互联、云计算和大数据等数字技术，并与传统金融相结合的新一代金融业态。主要包括数字货币、互联网支付、移动支付、网上银行、金融服务外包及网上保险、网上基金、网上证券交易等金融服务。数字金融旨在通过移动互联、移动支付、网络和通信服务、移动数据、云计算等数字化手段，降低投融资成本，提高投融资效率，拓宽投融资渠道，提升金融的服务效率和覆盖范围，更好地推动金融发展，让更多的人享受金融发展的成果。数字金融发展主要经历了两个阶段：第一阶段是主要依赖于银行支付系统发展的以网络银行、移动支付和网络借贷等为代表的传统业务的互联网金融；第二阶段是主要依靠大数据、云技术、区块链等金融科技进行金融业创新的数字化金融。随着数字技术的进一步提升，金融进入"数字新时代"。数字技术在金融行业的运用更加广泛，其主要覆盖以下领域：第一，支付领域。随着互联网技术的革新，金融领域的支付方式正在发生巨大变革。原有的互联网领域的第三方支付方式日趋多元化，NCF支付、二维码支付、声波支付以及指纹支付等运用日益广泛，支付宝、微信等工具在社会生活中也较普遍地使用，由此对传统金融产生巨大冲击，"无现金时代"正在向我们迫近。第二，贷款领域。贷款是金融领域的重要业务，贷款分为抵押贷款和无抵押贷款。数字技术的发展使金融贷款发生了新的变化，无抵押小额信贷成为贷款领域的新现象。一方面，传统金融行业推出网上银行、手机银行等业务，利用数字信息技术，降低交易成本，拓展信贷业务；另一方面，新兴的纯网络银行通过建立网商银行、P2P 网络借贷、网络众筹等平台，利用大数据、云计算、机器学习等方式，不断进行技术革新，关注长尾市场，拓展金融服务领域。第三，投资领域。在财富管理中，利用数字技术，把传统投资转移到互联网平台，不断拓展投资范围，扩大投资资金，使投资成果惠及更多受众，不断提高金融服务的可获得性。第四，保险领域。随着数字技术的发展，保险业务也与时共进。一方面，经济保险公司线上线下双管齐下，充分利用数字技术，实现保险服务数字化；另一方面，利用互联网技术支撑的场景平台，形成高效、快捷的数字化保险机构，进一步提高了保险效益。同时，依托云计算、大数据、互联网等技术，开发出"碎片化、定制化、场景化"的数字化保险产品，实现了数字保险的巨大创新。

当下，人类在向"移动化、网络化、数据化、智能化时代发展"，社会正在进入"公平、开放、联动、共享的数字化时代"。数字金融具有共享、便捷、高效、普惠等表征，其在普惠金融方面具有天然优势，更多地为社会所接受。

（1）共享性。"金融作为现代经济的核心，共享经济的发展潮流必然渗透到金融领域，从而使传统金融向'共享金融'发展"。共享金融的本质是通过信息与网络时代的金融技术和制度创新，减少金融信息的不对称性，实现金融资源的优化配置。数字金融能够利用移动互联、云计算、大数据等技术，搭建金融活动平台，使人们更多地利用电脑、手机等移动终端设备进行金融活动。其改变了传统社会的信息不对称状况，使用户需求与资金供给更加匹配，更好地实现金融数据共享、资源共享和服务共享。

（2）便捷性。随着技术的革新，通信、网络与金融的关系更加密切。特别是手机等移动终端的普及，使人们可以足不出户地办理贷款、汇款、理财等业务，极大地方便了广大群众。

（3）高效性。数字金融的推广应用使得传统金融的更多业务通过网络即可完成，其有效降低了商业银行的经营成本，也减少了客户在金融活动中的付出，提高了金融企业的经济效益。同时，数字技术可更好地优化资源配置，使金融活动中信息搜寻、定价和交易等业务实时进行，有效提高了金融活动效率。

（4）普惠性。传统金融活动一般主要关注人口、商业相对集中的地区，对于人口稀少、经济落后地区关注相对较少。数字技术的发展使金融活动渗透到社会各个领域。数字金融在坚持商业可持续原则基础上，让被服务者承担可负担的成本，为社会所有阶层和群体，特别是中小企业和低收入者提供优质的金融服务。数字金融突破时空限制，具有更强的地理穿透性，有效扩大了金融服务的覆盖度，使得金融成果惠及更多群体。

二、数字金融健康发展的进路

随着科技的发展，数字技术与金融发展的关系越来越密切。数字金融在促进金融发展的同时，也给经济社会发展带来巨大挑战。为此，我们必须勇于直面，积极应对，共同推进数字金融健康有序发展。

（一）恪守金融伦理，推进数字金融发展

当下，数字金融已成为金融发展的趋势。数字金融在给人们带来巨大便利的同时，也容易产生道德失范问题。为此，必须坚持公平、诚信、普惠和可持续原则，推进数字金融有序发展。

1. 公平原则

公平原则是数字金融伦理的基本原则，也是其健康发展的内在要求。公平原则要求金融活动主体应该公正平等地享受权利和履行义务。坚持数字金融公平，既要注意交易公平，也不能忽视结果公平。交易公平主要强调数字金融运行中各主体本着自身利益最大化意向，公平地进行交易，使各方利益都得到有效维护。结果公平要求数字金融活动结果要有利于促进社会公正、平等，推动社会健康发展。

2. 诚信原则

诚信是数字金融发展的基础。所谓诚信是指诚实讲信誉，即数字金融市场活动中交易者之间应诚实无欺，信守诺言。数字金融是金融活动参与者在不同的时空下进行的金融活动，其发展需要依托特定的数字平台完成，金融服务提供方和金融服务对象任何一方失信，都会给数字金融市场交易造成巨大损失。因此，在数字金融活动中，支付领域中各种第三方支付平台与交易双方、贷款领域中贷款人与借款人、投资领域共同投资人、保险领域投保人和保险人都应不隐瞒、不欺诈、重信誉，共同维护良好的数字金融秩序。

3. 普惠原则

金融是经济发展的重要杠杆，逐利是金融活动参与者普遍的价值取向。传统金融活动主要关注交易双方的互惠性，其目的是实现金融交易活动的互惠互利、合作共赢、共同发展。数字金融更注重金融的普惠性，其"服务对象和业务范围没有特定边界"。它更多地关注社会"长尾"群体，"让广大被排斥在正规金融服务体系之

外的中低收入者获得金融服务"，使其更多地惠及社会普通群体，更好地服务实体经济，推进社会稳健发展。

4. 可持续原则

可持续发展是经济社会发展的重要战略，也是数字金融运行需要坚持的重要原则。在数字金融发展中，金融技术应该与可持续发展目标相协调。数字金融应坚持以商业可持续发展为导向，重点关注金融机构可持续和客户可持续。为此，政府应加强基础设施投资，扩大移动终端覆盖面，扩大金融服务获客，降低金融获客和服务成本；金融机构可以通过技术创新，利用大数据分析，快速、高效地评估贷款机构和个人的信用状况，及时满足客户的金融需求，更好地实现数字金融的商业可持续发展。数字金融发展与参与主体的金融伦理密切相关。

金融活动参与者的金融伦理素养高低对金融活动具有重要影响。为此，在对数字金融活动参与者进行数字技术知识和金融知识普及教育的同时，还必须进一步加强数字金融伦理教育。一方面，必须加强对金融机构从业者的数字金融伦理教育，使其把外在的约束转化为自身的职业态度、价值理念和行为准则，为消费者提供更加优质的服务；另一方面，要加强对金融活动其他参与者的数字金融伦理教育，不断提高其数字金融素养，规范其金融行为，使其更好地参与到数字金融实践中，积极推进数字金融健康有序发展。

（二）加强数字金融法治建设

习近平总书记指出："法律是成文的道德，道德是内心的法律。法律和道德都具有规范社会行为、调节社会关系、维护社会秩序的作用。"在数字金融发展过程中，必须"自律"与"他律"并举，通过法律法规、规章制度等硬性手段来约束数字金融活动参与者的行为，进而培养其守规矩、讲诚信、讲道德的良好习惯。一方面，要完善相关法律制度。由于数字金融是新生事物，对其立法的条件尚未成熟。当下，必须在原有法律制度基础上，对其进行补充、修订和完善，使其更好地规范数字金融活动参与者的行为。另一方面，要出台新的法律法规和部门规章。随着数字金融市场的不断扩大，其发展中产生的问题正在凸显。因此，相关部门要在已经出台的《互联网保险业务监管暂行办法》《非银行支付机构网络支付业务管理办法》《网络借贷信息中介机构业务活动管理暂行办法》等法律法规基础上，遵循科学性、安全性、流动性、普惠性及服务实体经济的原则，及时出台新的法律法规，有效约束市场行为。对于数字金融的市场准入、行业监管、网络信息安全等数字金融活动制定相对规范、稳定的规则；对于违法违规者，要增大失信、失公等行为的道德成本，加大对违反行业规范行为者的惩处力度，进一步规范其数字金融行为。

(三)完善数字金融信用体系

信用是市场经济的基石,"现代市场经济,本质上是信用经济"。信用体系对于数字金融的健康发展具有关键性、基础性作用。为此,一要制定信用数据标准,扩大信用数据的收集。在数字金融活动中,信用甄别至关重要。当前,我国信用系统采用的数据主要来自商业银行等持牌金融机构,其数据的来源非常有限,无法满足数字金融主体的信用需求。随着互联网、移动终端机的普及,大量碎片化、非结构化数据随之产生。因此,在数字金融信用体系建设中,相关部门应制定统一的数据标准与格式,加强对各类数据的收集与有效整合,使其更好地为数字金融发展服务。二要健全社会征信系统,重视数据资源共享。"征信是评价信用的工具,是指通过对法人、非法人等企事业单位或自然人的历史信用记录,以及构成其资质、品质的各要素、状态、行为等综合信息进行测算、分析、研究,借以判断其当前信用状态,判断其是否具有履行信用责任能力所进行的评价估算活动。"

当下,社会征信机构主要以中国人民银行征信中心为主,其他民间征信机构虽有发展,但是不居主导地位。随着互联网的发展,大量网贷企业兴起,这就需要有与之相匹配的征信体系。2013年,上海资信有限公司推出中国首个基于互联网提供服务的征信系统——网络金融征信系统(NFCS)。之后,其他与互联网相关的民营征信机构相继兴起。其信息来源除个人基本信息、贷款信息、信用卡信息、信贷领域以外的信用信息等基本金融数据外,还包括丰富多样的"社交数据"或"电商数据"。数据采集中线下与线上结合,使用户信息多元化、立体化呈现。为更好地促进数字金融发展,应坚持政府主导与市场驱动相结合,搭建平台,形成人民银行征信中心与多元市场化的征信机构"错位发展、功能互补、差异竞争、相辅相成"的征信市场组织结构,做到征信系统全覆盖,实现征信机构资源共享。三要强化征信监管,保证数据真实。当下,以中国人民银行征信中心为主的多元征信机构并存。为不断提高征信质量,必须加强征信监管工作,重视数据采集质量,维护数据安全,建立和完善征信市场的准入与退出机制,促进征信行业健康规范发展。

(四)强化数字金融行业监管

目前,在数字金融发展中,以比特币、莱特币、以太币为代表的代币在特定范围内事实上已经具有虚拟货币的功能。区块链是一串数据区块组成的链条,其具有去中心化、信息高度透明、在无须建立信任关系的信用情况下达成交易且不用担心交易信息被恶意篡改等特点。部分国家的中央银行正在研发基于区块链的法定数字货币,数字货币正在成为未来货币的走向。随着数字金融技术和产品的不断创新,其所带来的风险问题更加突出。为此，必须进一步加强数字金融的监管，为金融活动保驾护航，不断降低数字金融风险。一要重视对以虚拟货币为代表的数字金融产品的监管，引导数字金融健康发展；二要加强对区块链金融技术的审核和验证，为数字金融创造良好的氛围；三要重视混业监管，不断扩大监管的覆盖面，使得数字金融更好地服务实体经济；四要强化国际监管合作，保障数字金融的全球共享。

（五）提升数字金融技术水平

金融作为我国经济发展的支柱产业之一，对于我国实体经济的发展起到了重要的支持作用。数字金融领域，"数字技术的知识水平与金融知识水平在现在及未来会变得越来越重要"。在数字金融发展中，必须加强技术创新，不断提升技术水平，创造相对完美的数字金融产品；提高数字技术的应用能力，力争避免由于操作失误而产生的各种技术风险；提高数字技术的保密性、可靠性和安全性，使金融行业素质低下者无法钻数据漏洞，逐步规范金融从业人员以及其他数字金融活动参与者的金融行为，不断提升民众的金融活动能力。

（六）增进国际交流与合作

随着互联网技术的发展，数字金融正在打破国家边界，走向国际化。数字金融受到越来越多国家的关注。2016年G20峰会通过了《G20数字普惠金融高级原则》，为数字金融的国际化合作指明了方向。开放合作是推动数字经济发展的必由之路，也是数字金融未来的发展趋势。为进一步加强国际合作，共建人类命运共同体，各国和地区以及世界银行、全球普惠金融合作伙伴组织等国际组织必须共商、共建数字金融活动规则，共同维护数字金融的国际规则，使其对全球数字金融活动参与者具有普遍约束力，促进数字金融健康发展，形成覆盖全球、深度融合、互利共赢的数字市场，共同构建国际金融新秩序。

随着中国特色社会主义进入新时代，我国经济已由高速增长阶段转向高质量发展阶段。经济高质量发展需要高质量金融的驱动。数字金融的健康发展是我国经济高质量发展的必要条件，更是推动经济高质量发展的重要驱动。数字金融的发展是一把"双刃剑"，其既给经济金融发展注入新的活力，同时也产生了巨大风险。为此，必须强化金融监管，兼顾数字金融的普惠性和精准性，不断满足人民群众日益增长的金融需求，特别是要让农民、小微企业、城镇低收入人群、贫困人群和残疾人、老年人等及时获取价格合理、便捷安全的金融服务，使数字金融更好地推动我国经济社会高质量的发展。

第四章 数字金融的互联网信息化机构

第一节 金融互联网概述

一、金融互联网和信息化金融机构的概念

（一）金融互联网

金融互联网主要是指金融机构（如银行、保险公司、证券公司等）运用计算机互联网和现代通信技术，通过将金融活动从线下向线上的转移，从而满足客户对金融服务高效便捷需求的金融发展模式。

金融互联网已成为当今互联网金融体系中不可或缺的重要组成部分。一方面，缘于越来越多的人习惯使用互联网，希望通过互联网来节省亲临金融机构办理金融业务的时间和距离成本；另一方面，互联网技术的快速发展也有助于金融机构降低交易成本，增强竞争力。

（二）信息化金融机构

信息化金融机构是指在互联网金融时代，通过广泛运用以互联网为代表的现代信息技术，对传统运营流程、服务产品进行改造或重构，实现经营管理全面信息化的银行、证券和保险等金融机构，如网络银行、网络证券、网络保险等。

信息化金融机构是金融互联网的具体体现，主要包括传统金融机构的电子化模式、基于互联网的创新型金融服务模式、金融电商模式等运作类型。

二、金融互联网的表现形式

（一）传统金融机构的电子化模式

传统金融业务的电子化实质上也是金融电子化、信息化的过程，金融机构采用

现代计算机通信技术，提高传统金融服务行业的工作效率，降低经营成本，实现金融业务处理自动化、业务管理信息化以及金融决策科学化，为客户提供快捷方便的服务，达到提升市场竞争力的目的。它是在传统的封闭的金融专用计算机网络系统的基础上，逐渐推广起来的行业管理由内而外的自动化与信息化。这也是金融互联网的基础表现形式。

相对于其他金融机构而言，银行业务的电子化模式相对丰富，按其表现形态可分为网上银行、手机银行、电话银行等。与此同时，保险、证券行业也都依托信息技术不同程度地实现了业务的网络化，如网络保险、网络证券等。传统业务的电子化使得金融机构处于一个对金融信息进行采集、传输、处理、显示与记录、管理与监督的综合性应用网络系统中，它具体包括金融自动化服务系统、金融电子支付系统、金融信息管理系统、金融决策分析系统等。这些系统的协调运转对金融机构的运行提供了全方位的支持，从根本上改变了金融机构原有的业务处理和管理体制，提高了资金周转速度。我国金融机构体系经过三十多年的电子化、信息化发展，如今已逐步发展成为一个开放的、全天候、多功能的现代化金融体系，不仅为客户提供了更多的让渡价值，也提供了更多的增值服务，极大地提升了客户满意度。

（二）基于互联网的创新型金融服务模式

近年来，金融机构依托大数据、云计算、移动互联等新技术加速实现转型，金融电子化的范围和影响日益扩大，基于互联网的创新型金融服务模式不断涌现。这主要包括以直销银行和互联网银行为代表的创新型银行服务模式、以众安在线开创的互联网保险为代表的创新型保险服务模式、以天弘基金与支付宝联合推出的余额宝为代表的互联网基金模式等。

创新型银行服务模式和创新型保险服务模式将在下面分节详述，这里重点介绍以余额宝为代表的互联网基金模式。

2013年6月，第三方支付平台支付宝联合天弘基金公司，在货币市场基金的基础上为个人用户打造了一项全新的支付账户余额增值服务产品——余额宝。用户一旦把账户里闲置不用的钱从支付宝账户转到新设的"余额宝"里，支付宝公司就会自动用这些钱帮用户在天弘基金公司购买一款名为"天弘增利宝货币"的货币基金，这样一个小小的划转动作就可以巧妙地将原来支付宝里没有收益的余额资金产生货币基金的收益。与此同时，用户还可直接将"余额宝"里的钱进行淘宝消费支付，也可随时将"余额宝"里的钱退回到支付宝账户，用于其他的一些转账或提现等操作。

天弘基金公司靠此产品一举成为国内最大的基金管理公司，截至2015年末，天弘基金仍以6450多亿元的规模在全国100家基金公司中稳居第一。在余额宝成功运作之后，多家基金公司纷纷涌上电商平台，包括京东、百度都先后成为货币基金的销售平台。此后互联网基金快速发展，推动货币市场基金产品在基金行业总资产中的占比不断提升。截至2015年末，货币市场基金总规模为3.48万亿元，几乎占基金行业总规模的"半壁江山"，占比达48.34%。

（三）金融电商模式

互联网经济时代，行业之间的边界约束力逐渐弱化，跨界行为越来越明显而广泛。在电商积极跨界金融领域的同时，金融机构也在充分利用互联网带来的机会，纷纷主动跨入电子商务领域，探索多元化盈利模式，谋求范围经济效益。当前的金融电商模式，按发起人划分主要包括银行系电商、证券系电商、保险系电商等；按设立方式划分，主要包括平台自建模式和平台合建模式两种；按经营对象划分，主要包括"B2C"（面向个人客户）和"B2C+B2B"（面向个人和企业客户）两种模式。

就设立方式而言，大型金融机构往往采取平台自建模式，而中小型金融机构则采用借力第三方合作搭建平台的方式。如银行系中建设银行的"善融商务"、交通银行的"交博汇"、农业银行的"E商管家"、中国银行的"中银易购"、工商银行的"融E购"等，五大行都是自建平台。但是中小金融机构由于品牌、流量等方面的限制，借助第三方平台既可节约成本又能较快募集客户和流量资源，从而实现线上市场的快速拓展。即使如此，在跨境电商迅速发展中电商企业的金融服务需求方面，大型金融机构也多采用与第三方平台合作的模式推出跨境电商的配套金融服务，并将其作为自身互联网金融战略的组成部分。

2015年11月，中国银行上线跨境电商支付结算平台，主推与电商平台的"直连"。而中信银行则是更早的一批布局者，其在2014年3月上线国内首套跨境电商外汇支付系统，该系统可提供包括14个外币币种的线上结售汇、收付汇、国际收支申报和个人结售汇登记等服务，是国内首套从前端交易到后端申报支持"全线上、自动化"处理的跨境支付系统，并与几十家第三方支付平台实现了对接。2015年12月，中信银行又成功推出跨境电商人民币支付系统，这标志着中信银行成为业内首家实现"全流程、全币种、全线上"跨境电子商务支付体系的商业银行，确立了其在国内跨境支付市场的领先优势与品牌影响力。另外，民生银行、工商银行等也推出类似的跨境电子商务外汇支付系统。

金融机构跨界电商领域，其价值主要在于通过电商平台把商户、客户两端的资金流、物流、信息流整合，并提供支付、融资以及其他金融服务，要带动发挥的是其金融渗透效应，盲目跟风、单纯重复电商模式绝非上策。但在电商的实践中，金融电商平台最大的难点在于提升其客户的黏性、体验度和活跃度，从而更精确地锁定客户源。这种难点的背后实际上是金融电商在信息流、物流方面的"短板"问题，未来发展需要找准自身定位，整合优势资源，塑造品牌影响力，在体制转变、市场细分、渠道合作等方面寻求突破。

三、金融互联网的特点

（一）金融互联网下的信息化金融机构稳定性更强

金融与互联网的融合，在早期是金融机构利用信息技术产生的创新支持自身业务的开展，降低交易成本；而当新兴的互联网金融模式对传统金融机构产生挑战之后，金融机构更多的是面对竞争压力被迫与互联网结合，从而应对互联网金融的冲击。

从 20 世纪 90 年代至今，金融机构网络化建设和应用一直在进行。首先是计算机网络化在金融机构的普及应用，它能实现业务办理的电子化、自动化。再到运用互联网技术实现网上银行、网上证券账户等的开设。金融机构将风险管理、业务规范化等合规意识与互联网技术结合开展业务，在这个过程中，金融机构更关注的是模式的稳定性，稳健创新仍是金融互联网在发展模式上的突出特点，也是其与非金融机构发起的互联网金融模式风格上的不同。

（二）金融互联网下的信息化金融机构资源整合能力更强

金融机构管理的资产一般是开展负债业务所得，具有高风险的特性。这就要求金融机构在开展业务时要获得更精确、更全面的数据，从而减少风险的发生。互联网与金融机构的结合能够做到大量数据的整合、开发、挖掘，从而了解客户的信息。运用互联网技术，搭建一个统一的 IT 架构，将机构内部各个系统在这个 IT 架构上管理、运行，实现资源的整合，机构内部信息的畅通、共享。

以银行为例，现代银行信贷业务的开展已经不仅仅局限于单个客户。它可能遍布于一个行业的整个产业链。在产业链中，涉及生产商、供应商、经销商等上下游企业，它们之间有着资源、资金、物流等相关环节的联系，一旦一些有资金需求却没有授信额度的上下游企业需要融资时，核心企业对支付、物流上的数据和凭证进行抵押担保，金融机构在这个过程中利用互联网信息技术整合产业链中各个环节的信息，分析数据情况，如果分析的数据正常就可以为企业融资，解决了企业的融资需求，大大缩短了收款周期，缓解了资金困难情况，促进了整条产业链的协调发展。

比如，中国工商银行，虽然现在有 17000 余家营业机构，但目前通过网上银行、电话银行、手机银行、自助银行等渠道处理的业务量已占到全部业务量的 78%，相当于替代了 30000 多个物理网点。其自主研发的核心应用系统支撑了海内外庞大经营网络的平稳运行，日均业务量为 2 亿笔，每秒处理业务的峰值达 6500 笔，搭建起了以数据仓库为核心的经营管理数据体系，实现了客户信息、账户信息、产品信息、交易信息、管理信息等的集中管理，形成了数据标准、数据质量、数据架构、元数据、数据生命周期、数据安全以及数据应用等全流程的数据信息管理机制。积累的数据规模将近 300 个 TB，利用这些数据，建立了 4.1 亿个人客户和 460 万法人客户的信息视图和星级评价体系，开发了 34 个法人客户评级模型、75 个零售信用评分模型、16 项市场风险内部计量模型和 17 类操作风险资本计量模型。

（三）金融互联网下的信息化金融机构创新产品更加丰富

金融互联网提高了金融机构的产品创新能力，信息化金融机构利用互联网平台能够提供更多的金融产品和服务。人们的日常生活，无论是存取款、转账支付、证券开户，还是购买保险和各类理财产品，众多的服务足不出户，只用在电脑或手机上操作即可完成。手机银行、网上理财等大大节约了金融机构的人力成本，同时满足了客户方便快捷的要求。金融机构线上线下的业务结合，在互联网浪潮的背景下，也是面对互联网企业竞争，转变服务理念，以客户需求为导向，创新金融产品的一种做法。

第二节 网络银行

一、网络银行的定义和种类

（一）网络银行的定义

纵观过去半个多世纪以来的银行发展史，商业银行始终是新科技的忠实拥护者。银行不断扩展对信息技术的投入和运用，从最初的计算机辅助银行到电子银行、网上银行、移动银行……网络银行发展速度很快，其标准和模式始终处于更新变化之中，网络银行的界定也相对困难。根据巴塞尔银行监督委员会的定义，网络银行是指那些通过电子渠道提供零售与小额产品和服务（如存贷、账户管理、金融顾问、电子货币和电子支付等）的银行。而欧洲银行标准委员会则将网络银行定义为那些利用网络为通过计算机、网络电视、机顶盒及其他一些个人数字设备连接上网的个人消费者和企业提供服务的银行。显然，在不同的界定中网络银行的内涵虽有共同之处，但往往在外延上有所不同，因而也导致在现实中，对网络银行（Internet bank）有多种叫法，如网上银行、在线银行、电子银行、互联网银行等。

总体来讲，广义上的网络银行是指一种以互联网和信息技术为依托，通过互联网平台向用户提供账户管理、支付结算、信贷融资、投资理财等各种金融服务的新型银行服务形式，是为用户提供全方位、全天候、便捷、实时的快捷金融服务的银行系统。因此，网络银行又被称为"3A银行"，它不受时间、空间限制，能够在任何时间（Anytime）、任何地点（Anywhere）以任何方式（Anyway）为客户提供金融服务。网络银行被认为是设在互联网上的虚拟银行柜台，从其发展趋势来看，"未来银行不再是一个地方，而是一种行为"。

（二）网络银行的种类

1. 按照发展模式划分

综观世界各国网络银行的发展，大致有两种模式：一种是与传统银行相结合的网络银行发展模式；另一种是纯网络银行的发展模式。

与传统银行相结合的网络银行是指依托已有的银行网点通过互联网向客户提供金融服务，是目前网络银行存在的主要形式，是传统银行服务的补充和延伸。纯网络银行是狭义的网络银行，又被称为互联网银行，指仅仅通过网络为客户提供储蓄、查询、转账等银行服务的金融机构，此类银行最早出现在美国和欧洲。成立于1995年的世界上第一家网络银行，美国安全第一网络银行（Security First Network Bank）就是一家典型的纯网络银行。2015年，我国首批民营银行试点中的深圳前海微众银行和浙江网商银行也是纯网络银行。

2. 按照业务形态划分

随着网络通信技术以及银行金融体系服务的提升和完善，商业银行触网的方式多种多样。虽然网络银行都是依托现代计算机网络通信技术，但提供金融服务的具体形态仍有所不同。从网络银行现实存在的业务形态来看，主要有网上银行、电话银行、手机银行、直销银行和互联网银行。除互联网银行外，前几种形态均是依托已有的线下银行机构开展的网络银行服务。具体区分如下：

一是网上银行（Online Banking）。这里的网上银行是指银行业金融机构利用互联网平台和计算机终端，通过建立独立的银行网站而面向社会公众开展业务的网络银行。网上银行业务主要包括信息服务（如产品业务介绍、利率汇率查询等）、互动交流（如客户档案更新、业务申请、账户查询等）、账户交易（如转账汇款、支付结算、代缴费用、信贷融资、投资理财等）三大类金融服务。对于客户而言，想要登录某家银行的网上银行，首先要持有效证件或规定的证明材料在该银行办理银行卡或开立账户以建立系统连接。为了提高安全性，当前各家银行多采取通过国家安全认证的标准数字证书体系。

二是电话银行（Telephone Banking）。电话银行是指银行业金融机构使用计算机电话集成技术，利用电话自助语音和人工服务方式，为用户提供账户信息查询、转账汇款、投资理财、缴费支付、外汇交易、异地漫游、信用卡服务、人工服务等金融业务的网络银行。电话银行将自助语音服务与人工接听服务结合在一起，客户通过电话按键操作，输入提前设置的相应密码，便可享受自助语音服务和人工服务。电话银行的开通也需要客户先在该银行开立银行卡或存折账户进行系统关联。

三是手机银行（Mobile Banking）。手机银行又称移动银行，是银行业金融机构利用移动通信网络及终端办理相关银行业务的一种网络银行形态，是网上银行业务的延伸。与电话银行基于语音的服务不同，手机银行主要依托短信开展服务。手机银行由手机、GSM 短信中心和银行系统构成。在手机银行的操作过程中，用户通过 SIM 卡上的菜单对银行发出指令后，SIM 卡根据用户指令生成规定格式的短信并加密，然后指示手机向 GSM 网络发出短信，GSM 短信系统收到短信后，按相应的应用或地址传给相应的银行系统，银行对短信进行预处理，再把指令转换成主机系统格式，银行主机处理用户的请求，并把结果返回给银行接口系统，接口系统将处理的结果转换成短信格式，短信中心将短信发给用户。与 WAP 网上银行相比，手机银行须同时经过 SIM 卡和账户双重密码确认之后方可操作，安全性较好。目前各家银行推出的手机银行功能在不断拓展，除了提供正常的金融服务以外，还逐渐推出了生活类缴费（水电煤气、宽带手机等缴费）、文化娱乐（影票、游戏、餐饮等服务）、商城商旅（如特惠特卖、飞机酒店等预订服务）等很多非金融类服务，收集不同产品种类、应用场景在不断丰富，操作流程日益简便。

值得注意的是，近年来，随着手机微信的应用和迅速推广，"微信银行"遍地开花。微信（WeChat）是腾讯公司于 2011 年 1 月 21 日推出的一个为智能终端提供即时通信服务的免费应用程序，截至 2015 年 6 月底，其注册用户约 9 亿人。商业银行在向移动互联网转型的过程中恰逢微信快速普及，微信银行也就成为银行服务客户的一种新方式。微信银行是指商业银行通过设立腾讯微信企业公共账号，为微信用户打造的专属移动金融和移动生活服务平台，既具有账户查询、理财超市、贷款、信用卡额度与账单查询、信用卡分期、信用卡还款、预约办卡和申请进度查询等丰富的移动金融功能，又创新推出了网点预约、精彩优惠、特惠商户、积分商城等便民实惠服务。微信银行的推出，不仅盘活了商业银行手机银行的用户存量，提高了手机银行的利用率，而且为银行带来了更广泛的客户群体，能更便利贴心地客户服务，有助于提高客户黏性，巩固客户的忠诚度，是银行业互联网化的突破口之一。但微信银行也面临着如何进一步提高安全性的挑战。

四是直销银行（Direct Banking）。直销银行是互联网时代应运而生的一种新型银行形态，是互联网金融环境下的一种新型金融产物。直销银行不设立物理营业网点，不发放实体银行卡，主要借助于互联网、移动互联网、电话等远程渠道方式为客户提供银行产品和服务。直销银行与前述网上银行、电话银行、手机银行最大的区别，是其虽然往往由银行主导发起，但却不依托网点，全部业务流程可在线上完成，客户定位主要针对增量客户群体，即银行传统网点未覆盖到的用户以及其他银行的客户。也就是说，直销银行的客户不以拥有该银行的银行卡或存折账户为前提，而是直接在互联网上进行远程开户。这种去人工化和低成本的运营模式也使得直销银行的产品和服务相对标准化，在利率和费用上更具吸引力。

过去20年间，直销银行先后在欧洲及北美等发达地区迅速发展起来，2013年9月，北京银行宣布与荷兰ING集团合作开通直销银行服务，拉开了我国直销银行的序幕。2014年2月民生银行直销银行正式上线，并引发了国内直销银行发展的热潮。据不完全统计，截至目前国内已有50家左右的商业银行推出了直销银行服务，组织架构上多属于银行的下属业务部门，业务载体上同时拥有App和PC端口，主流产品以货币基金、理财产品、存款类服务为主，产品同质化问题突出。

五是互联网银行（Internet Banking）。这里的互联网银行主要是指纯网络银行，亦即狭义上的网络银行。从存在形态上来看，互联网银行与直销银行在业务渠道、产品服务上有很多的相似之处，其区别则视国内外的情况有所不同。在国外，二者的概念已无明显区分，维基百科上已将直销银行作为互联网银行的再定义；而国内二者的区别则主要体现在独立牌照上，即当前国内的直销银行多为传统银行的下设部门，没有独立的牌照，而互联网银行多为具有独立牌照的民营银行，例如，深圳前海微众银行和浙江网商银行。

2015年11月，百度与中信集团宣布，百度与中信集团旗下中信银行将联合发起设立百信银行，初定注册资本金20亿元。其与现有银行的区别，主要在于没有线下网点，是通过互联网提供金融产品和银行服务，无时间地域的限制。百信银行如若获批，则意味着国内第一家独立银行牌照的直销银行诞生，而互联网银行与直销银行的界限也将日益模糊。

3. 按照服务对象划分

目前，各种形态的网络银行所推出的银行金融产品服务，按其服务对象可分为个人版、企业版以及特定对象版三大类。

一是个人版网上银行。个人版网上银行主要是指银行通过互联网为个人客户提供账户查询、转账汇款、投资理财、在线支付等金融服务的网上银行服务。个人版网上银行一般要由本人亲自持身份证等有效身份证件和银行卡到开卡银行申请开通，获得电子证书并安装后即可使用。

二是企业版网上银行。企业版网上银行是银行通过互联网面向企业用户开发的一种网上银行服务。相对于个人版网上银行而言，企业版网上银行拥有更高的安全级别，具备更多针对企业的特殊功能，如账户管理、转账汇款、集团服务、代收代付、国际结算、电子汇票、在线贸易融通、银企对账、票据池、第三方存管等。开通企业版网上银行需要企业法人或财务人员持身份证携带公司公章、法人私章、财务章、预留印鉴等，前往银行柜台办理，获得数字证书后即可安装使用。

三是特定对象网络银行。主要是指作为我国首批民营银行试点的两家互联网银行，按照监管部门的要求均设定了特殊服务对象。深圳前海微众银行服务的目标客户群主要是大众消费者和微型或者小型企业。浙江网商银行则按照"小存小贷"的定位，主要针对"存款20万元以下，贷款500万元以下"的小微企业、大众消费者和农村用户。这些特定对象往往是"二八定律"中那80%没有被传统银行服务的群体。

二、网络银行的发展历程

成立于1995年10月18日的美国安全第一互联网银行（SFNB）普遍被认为是纯网络银行诞生的标志。之后，人们将基于互联网和信息技术为客户提供金融产品与服务的银行机构统称为网络银行。网络银行的产生并非一蹴而就，其大约经历了业务处理电子化、经营管理电子化、银行再造三个阶段。

第一阶段是在20世纪50年代，随着计算机的出现，银行开始利用计算机辅助其业务的开展、办理，进行数据保存，财务集中处理等。这一阶段对计算机的使用简化了操作流程，实现了从手工操作向计算机处理的转变。但是因为信息技术还不够发达，每台计算机是独立的个体，不能进行联网操作。20世纪50年代，计算机开始在美国、日本的银行业务中出现。其功能主要是辅助银行进行业务操作和管理，提高业务效率，优化业务流程，比如用于各分支网点的记账和结算，部分代替网点工作人员的手工记账工作，有效降低了人力成本，这一时期的计算机基本上是脱机处理。

第二阶段是从 20 世纪 60 年代开始，计算机从脱机状态慢慢向联网状态发展，这个时期的银行实现了内部以及银行间的信息传递，存、贷、汇业务能够在内部进行管理，汇兑业务也因为有了联网信息的传递而能够在银行间快速地办理。信息技术的快速发展方便了客户，降低了银行的成本，使得客户可以跨越空间方便地办理业务，银行广泛地运用通信技术创新发展，POS 机、ATM 机就是在这个时期开始兴起的。

从 20 世纪 70 年代开始，在联网通信技术的快速发展基础上，银行间的跨行联机交易也成为可能。首先是发达国家基本实现了业务处理和办公业务的电子自动化，接着我国在 80 年代中后期，各家银行之间也相继完成了联网通信的业务交换工作，不同国家的不同银行之间也建立起了联网通信系统，形成了全球金融网络。银行业务电子化的最直接成果是，银行业务处理效率大幅提高，因而银行为客户提供的服务也随之不断发展。电话银行是银行业务电子化之后，客户得到更高效服务的一个重要体现。电话银行主要是提高了客户端的服务效率，具有接触速度快、接触成本低等特点，在 80 年代中后期得到迅速发展，成为银行服务客户的主要渠道之一。

第三阶段在 20 世纪 90 年代之后，互联网行业的蓬勃发展从真正意义上使得银行在任何时间、任何地点、以任何方式办理业务成为可能。移动互联成为现实。手机银行、网上银行等的兴起使得客户足不出户就能办理众多的银行业务，满足了客户方便、快捷的需求。这一阶段的创新突破了传统银行的经营模式，使得银行业发生了革命性的变革。20 世纪 90 年代以来，美国的商业银行重点将外部集成服务与银行内部的信息技术处理相结合，对传统商业银行的流程进行改造和更新。信息技术成为贯穿银行内部所有部门的公共业务，银行的电子网络系统从银行延伸到企业、家庭和个人用户，形成了庞大、复杂、多样的电子网络系统。银行通过与专业的信息技术公司及软件提供商合作，专注于拓展服务市场和增加金融品种。

(一) 国外网络银行的发展状况

自 20 世纪 90 年代以来，国外的商业银行重点将外部集成服务与银行内部的信息技术处理相结合，对传统银行流程进行再造，信息技术成为贯穿银行内部所有部门的公共业务，网络银行系统延伸至个人、企业用户，形成了庞大多样的电子网络系统。通过与专业的信息技术公司及软件提供商合作，专注于拓展金融产品和服务。纯粹的网络银行的发展并不尽如人意，更多的是与传统银行互为补充，在技术、经营渠道和运营模式上重新构建。

(二)中国网络银行的发展状况

与其他国家或地区相比,中国网络银行起步并不晚,而且在中国网民数量快速增长直至跃居世界第一位的大背景下,网络银行近几年增长迅猛,使用普及率急速提高。

中国网络银行的发展大致可分为银行网站、银行上网、网络银行三个阶段。在"银行网站"阶段,网上银行仅是银行的一个宣传窗口,服务单一,主要操作集中在单一账户上;在"银行上网"阶段,银行致力于将传统的柜面业务迁移到网上,增加了转账支付、缴费等交易类功能,这个阶段的主要特征是多账户的关联操作;在"网络银行"阶段,银行通过互联网提供了包括电子商务在内的综合金融服务,功能齐全,并与线下业务结合,开始走向真正意义上的互联网银行。

目前,国内所有银行基本都推出了自己的网上银行。截至2014年末,中国银行业金融机构网上银行交易达到608.46亿笔,同比增加21.59%,交易金额同比增加17.05%。其中,个人客户数达到9.09亿户,新增1.5亿户,同比增加19.71%;交易笔数达到608.46亿笔,同比增加21.59%;交易总额达到1 248.93万亿元,同比增加17.05%。企业客户达到1 811.4万户,同比增加16.75%。

近几年来,在互联网金融的大潮推动下,商业银行加速推进"互联网+"布局,银行业互联网金融战略纷纷进入落地阶段。以网上银行、手机银行、电商平台、直销银行和线上线下联动产品为特点的互联网金融产品格局已经初步形成,部分银行已经形成自己鲜明的互联网金融特色和战略定位。

五大行中以工商银行的步伐最快。2015年3月,工商银行正式发布互联网金融品牌"e-ICBC",成为国内第一家发布互联网金融品牌的商业银行,标志着中国最大的商业银行已经全面加快互联网金融战略的实施。该品牌下,工商银行建立了"融e购"电商平台、"融e联"即时通信平台和"融e行"直销银行平台三大平台以及支付、融资和投资理财三大产品线。同年9月,工商银行成立网络融资中心,通过运用互联网与大数据技术,实现信贷业务尤其是小微和个人金融业务在风险可控基础上的批量化发展。

从其他全国性股份制商业银行来看,互联网金融平台建设主要围绕支付、理财和融资等功能,大致有三种途径:第一种是以浦发银行为代表,以"客户经营"和"风险经营"为主线,着力于强化消费金融和支付功能;第二种是以招商银行为代表,围绕"轻型银行"战略,回归零售业务和财富管理,"外接流量、内建平台、流量经营",着力创新财富管理服务模式;第三种是以华夏银行为代表,按照"精准营销、平台对接、链式开发"业务发展模式，推出基于互联网技术的智能融资系统，着力强化中小微企业融资服务功能。

三、网络银行的发展趋势

20世纪末，比尔·盖茨就曾预言："传统银行不能对电子化做出改变，将成为21世纪灭绝的恐龙。"在信息经济和互联网金融冲击下以及金融媒介多元化竞争中，商业银行也在不断进化，行将灭绝的可能只是商业银行的传统经营模式，以大数据、移动互联、专业智能、跨界经营为特点的网络银行终将成为未来银行的发展趋势。

（一）数据驱动，整合加工

随着数据库和数据挖掘技术的发展完善以及数据来源的迅速扩展，作为数据密集型行业的银行业将在更广领域和更深层次获得并使用涉及客户方方面面的，更加全面、完整、系统的数据，并通过挖掘分析得到过去不可能获得的信息和无法企及的商机。由此可见，金融数据密集但目前尚未充分开发的商业银行大有文章可做，数据和数据应用能力将逐渐成为其战略性资产和核心竞争力的重要体现，对客户营销、产品创新、绩效考核和风险管理等必将发挥日益重要的作用。商业银行经营方式也将从以产品、客户为中心过渡到以数据为中心，数据驱动将成为不可逆转的发展趋势。

1. 大幅提升客户体验

通过大数据挖掘和分析，银行将由"被动"提供产品向"主动"设计产品转变，由"广泛撒网"营销向"精准制导"营销转变，由"经验依赖"决策向"数据依据"决策转变；银行对客户行为习惯和偏好进行分类汇总，提炼出客户需求信息，将即时或潜在需求的产品和服务有针对性地推送给客户；优化各类营销资源配置，以合适的营销渠道和促销策略对客户实施精准营销；为客户量身打造金融解决方案，推行客户自主定制服务，极大改善客户体验。

2. 引导客户及员工行为

对数据的占有整合能力意味着对未来的预测能力，数据分析可以引导客户更为理性的金融需求和行为，激发员工服务创造力，进而促进银行发展。如通过网点、社交媒体和网络，银行可以及时搜集各种类型的海量数据，并利用大数据技术加以整合，及时了解客户对产品、服务、定价或政策调整的反应，并及时知晓员工的真实情绪。当客户的反应对银行有利时，银行可以积极介入，实现更好的营销和服务；

当客户的反应对银行不利时，银行也能及时发觉并妥善处理，对员工的动向也能及时采取相应措施加以引导。

3.指导银行打破固有经营模式

以互联网为代表的现代信息科技的发展，门户网站、社区论坛、微博、微信等新型传播方式的兴起，移动支付、搜索引擎和云计算的广泛应用，在为银行创造全新客户接触渠道的同时，构建起了全新的虚拟客户信息体系，打破了银行固有的经营模式。层层交织的数据网络最终将客户、员工与银行串成一个完整有机体，有助于勾画出智慧银行的蓝图。当客户走入银行，轻轻点击触摸屏时，银行可以根据指纹等生物信息快速识别其身份，并通过客户交易及消费行为记录、收入情况、各种贷款及固定还款情况推测客户可能要实现的交易需求。同时将客户的基本特征与大数据分析结果比对，推测客户可能的风险承受能力平均值及倾向性理财需求，为客户提供一款适合其性格及消费习惯的个性理财产品，并配套产品服务推介。让每一位客户感觉到其享受服务的专属性，不再为每天接收大量无针对性的理财产品发售信息而倍感头痛。

（二）移动互联，无缝衔接

互联网、手机、平板电脑、网络电视、物联网、社交网络等各类创新促使人们加速从"互联"世界迈向基于移动互联的"超互联"世界。随着传统金融机构、移动运营商以及第三方支付机构携手合作，移动金融领域加速崛起，银行业进入了崭新的移动互联网时代。银行服务在各种移动设备上无时无处不在，银行不再是一个地方，而是一种行为，客户可以用最佳方式使用银行业务。移动互联网时代，银行的移动互联体现在地域、时间、渠道三个方面，未来银行将形成以网银支付为基础，移动支付为主力，网点、电话支付、自助终端、微信银行等多种渠道为辅助，多渠道无缝衔接的模式。与此同时，传统网点的转型更加重要，网点除服务传统客户（那些不愿意使用网络和手机银行服务的客户）外，还要更多承担宣传、提升用户线下体验的职能。银行通过各种渠道提供一致的服务，客户也在不同渠道体验到相同的服务。

（三）专业智能，跨界经营

随着全球化和信息化的推进，金融创新速度加快，金融产业链被重新分解和再造，现代金融体系功能已经被分化为多个专业化领域。从美国等成熟市场的发展经历来看，只有少数银行走向"大而全"，更多银行走向了地区化或专业化。在金融创新和金融脱媒冲击下，面对海量存量客户和潜在客户，面对同质化竞争，未来银行将致力于提供更加专业化的服务和体验，增加客户黏性。专业化服务达到一定程度的银行必将是更加智慧和智能的银行。智慧银行指更透彻的感应度量、更全面的互联互通、更深入的洞察，它包含卓越的客户体验、高效的员工体验以及风险收益的平衡。智能银行的构建贯穿银行前中后台，通过前中后台业务流程整合和自动化、渠道整合、客户洞察等方式实现以客户为中心的银行业务，并通过优化且高效的流程助力更智慧的业务决策。此外，由于互联网带来的技术、业务和竞争的无边界化，无论主动还是被动，跨界经营的时代已经开始。未来银行将通过与第三方支付、旅游网站、运营商等外部合作资源对接，借助于第三方快速接入各大平台，形成银行、客户、第三方三位一体，以金融服务为核心、客户需求为导向、开源服务为支撑的新型服务模型。

（四）创新风控，强化优势

风险控制是金融业的核心，银行相对互联网企业的最大优势就在于资金的风险控制与风险定价。随着信息技术的应用，金融机构集中处理的数据越发集中，技术风险也随之加大，对金融机构的安全性提出了新的考验。因为信息技术本身处于快速发展阶段，技术的更新换代速度很快，未来商业银行将需紧跟国内外风险管理的前沿，及时掌握风险管理的先进技术，高度重视金融互联网化之后的新型风险。

对网络银行而言，最突出的风险主要包括技术风险、政策风险、法律风险以及各类互联网金融业务风险。未来商业银行需加强利用移动互联网时代的新思路、新技术，继承商业银行传统风险管理的优势和精髓，从风险技术、风控目标、风控应用等方面全面整合、健全和创新风险管理体系，以适应互联网时代的风控要求。

第三节　网络证券

一、网络证券的定义和种类

（一）网络证券的定义

网络证券（Internet Securities）通常是指通过互联网进行的证券交易等相关活动，有狭义和广义之分。从狭义上理解，网络证券主要是指网上证券（Online Securities），它包括网上开户、网上交易、网上资金收付、网上销户四个环节。从广义上理解，网络证券不仅只包括网上证券，在"电子化—互联网化—移动化"趋势下，还对传统证券业务实施从销售渠道、业务功能、客户管理到平台升级的架构重塑及流程优化，架构符合互联网商业惯例和用户体验的综合金融服务体系。

网络证券通过搭建互联网技术平台，可以为投资者提供一套贯穿研究、交易、风险控制、账户管理等投资环节的服务方案，帮助投资者提高交易频率和效率，扩大交易品种，降低进入多品种交易及策略投资的门槛，实现了低成本、跨时点、跨区域投资。它不是简单地将线下业务向线上进行平行迁移，也不是对现有平台和信息技术模块做简单整合。

由于不同国家或地区的监管环境和政策的不同，网络证券在不同国家或地区所包含的内容是有所不同的。

（二）网络证券的种类

1. 按发展模式划分

按照金融互联网下证券公司的网络化发展模式来划分，网络证券有以下四种类型：

①证券公司自建网络平台。证券公司依靠自己的力量发展一套网络体系来运营整个网络经纪业务，这种公司的背景往往很强大，客户资源丰富，资本雄厚。典型代表如美国的美林证券，国内的国泰君安证券也属于此种模式。

作为一家成立于1914年的美国金融管理咨询公司，美林证券曾是全球最大的证券零售商和投资银行之一。2008年金融危机中美林证券受到重创，之后被美国银行并购，现在叫做美银美林。美林证券的经纪业务可分为两个部分：一是基于财务顾问（FC）经纪人制度的高端业务，采取双高策略（高价格和高品质服务），公司是FC制度的创立者。

国泰君安在2013年获得央行同意试点加入人民银行的大额支付系统之后，就在业内较早地推出了"君弘一户通"综合理财账户。在此平台上，国泰君安继承了经纪业务、融资融券、资产管理服务。之后，该公司又推出业内首家全线上小额融资、多产品代销、线上投资顾问签约等服务。

②证券公司转型网络经纪商。证券公司先慢慢向着网络经纪商转型，之后再去经营多元的金融业务。这种模式比较典型的代表是美国嘉信理财。

嘉信理财在1974年成立之初，是一家小型的传统证券经纪商。1975年，美国证监会开始在证券交易中实行议价佣金制，嘉信理财把自己定位成为客户提供低价服务的折扣经纪商而获得初期的发展。1979年，公司意识到计算机电子化的交易系统将成为业界主流，因而投资建立了自动化交易和客户记录保持系统。公司的口号是成为"美国最大的折扣经纪商"。从1977—1983年，嘉信的客户数大幅增长了30倍，营业收入也由460万美元大幅增长到1.26亿美元。20世纪90年代中期，随着互联网兴起，嘉信理财预见到，互联网将会成为对中小零散客户进行大规模收编集成的重要平台，于是，在业界率先对互联网在线交易系统进行重投资，把传统的经纪和基金等业务捆绑在互联网上，迅速成为美国最大的在线证券交易商。2000年2月，公司以换股的方式并购了一家网上证券经纪交易商CyBerCorp，并购金额达4.9亿美元。2000年6月，嘉信理财公司和爱立信公司结成战略联盟，共同开发利用WAP手机进行网上证券交易。

嘉信理财主要提供经纪业务和资产管理业务。经纪业务采用网络与网点结合的服务模式。网上业务通过Schwab.com交易平台提供较低佣金的经纪业务服务，目前线下拥有网点300个，以提高客户体验。资产管理业务则是建立低收费标准的开放平台。1992年公司推出基金超市Onesource免费账户，将多个管理公司的基金产品集中在一起，公司不向客户收取额外的申购费用，客户在多个产品间的资金流动免收手续费，只向基金公司收取年化0.25%～0.35%的费用。目前资产管理的收入已经提升至42%，经纪相关收入占比仅18%，而在1991年时经纪相关收入占比65%，资产管理收入占比10%。目前，嘉信理财公司为780万客户管理着8600多亿美元的资产。嘉信理财2012会计年度的营业额为48.8亿美元，并有9.3亿美元的赢利。

③与第三方合作搭建网络平台。国内券商在初期的证券电子化时期多是自建网站，通过建立网上营业厅来进行证券交易。但近两年在互联网金融发展的大潮推动之下，尤其是2014年4月以来，证监会批准证券公司开展互联网证券业务试点之后，在新一轮的网络证券竞争中，各家券商纷纷通过与第三方互联网平台合作的模式来推动证券行业的金融互联网进程。腾讯、阿里巴巴、搜狐、新浪在内的多家互联网公司得到证券公司的青睐。国金证券、中信证券、海通证券等券商选择与腾讯合作，通过"腾讯·自选股手机移动终端"，投资者可以在浏览自选股行情和资讯服务的同时，联系相应的券商办理开户、转户业务。2014年国金证券与腾讯合作推出的业内首个互联网证券产品"佣金宝"，其市场交易份额迅速提升，从2014年的0.793%增长至2015年1月的1.047%。2015年4月，"一人多户"的新规推出后，国金证券通过网上平台和线下营业部双线作战，高峰期日均开户数过万。

④投资互联网金融机构或出资设立券商子公司。在发展互联网金融方面，一些券商除了自荐网络平台外，还通过投资互联网机构来间接参与互联网金融。2015年海通证券创意资本完成了对国内互联网金融第三方服务机构零壹公司的第一轮战略投资；2015年6月，东吴证券携手金融软件提供商赢时胜和动漫文化公司奥飞动漫，设立全资互联网金融子公司东吴在线，专注风控，主攻普惠金融和互联网财富管理。

2.按业务种类划分

网络证券的业务种类目前主要是证券经纪业务的延伸，亦即证券公司通过其设立的网站接受客户委托，按照客户要求，代理客户买卖证券，进行资产管理，提供集投资者教育、理财信息、财经资讯、产品交易、理财、融资等全方位的金融服务。具体来说，主要包括在线证券开户和销户、在线证券交易、在线理财、证券电子商务等业务种类。对国内券商来说，理财账户的资金收付也在试点之中。证券电子商务是近年来在国内网络证券的新兴业务领域，是指证券行业以互联网络为媒介为客户提供的一种全新商业服务，它是一种信息无偿、交易有偿的网络服务，销售的产品包括交易软件、投资资讯、投研报告、投资顾问套餐等一系列增值服务。

二、网络证券的发展历程

伴随着互联网的兴起和广泛运用，网络证券在自20世纪90年代以后开始了飞速发展。线上开户数量呈现出巨大增长，线上交易量占整个交易量的比重也在不断上升。不同的客户基础和发展策略决定了互联网与证券行业融合产生的4种经营模式。

一是纯网络券商，定位低端客户，提供最低佣金，采用这种模式的券商有Ameritrade等公司；二是线上线下结合，定位中低端，收取佣金较低，提供一定的资产管理产品，采用这种模式的券商有嘉信理财、富达投资等；三是线下为主、线上为辅，定位高端和机构投资者，收取的佣金较高，提供高质量的综合化金融服务，采用这种模式的券商主要有美林证券、摩根士丹利等；四是创新型互联网券商模式，这些互联网券商历史并不悠久，也没有庞大的实体资产。但是在互联网金融的趋势之下，仍然具有独特的价值和魅力。这些小而美的网络券商不会照顾到市场上所有投资者的行为及偏好，公司的成立往往是针对某一类细分市场提供更加贴近需求的创新型服务。以LightSpeed为例，该公司成立于2006年，其鲜明的特色为其采用的DMA技术，这项技术使得客户的交易指令不需要经过中间商直接传至交易所，从而其交易速度远快于其他交易平台。LightSpeed专注的细分市场特点明确：专业的投资者。LightSpeed收取极低的佣金费用，这种"薄利多销"的行为依旧可以为LightSpeed创造出大量的盈利。其他创新型网络券商还包括Motif Investing、Loyal3和TradeKing等。

我国的网络证券交易于1997年起步，经历了起步阶段、全面网络化、提供全方位服务三个阶段后，为投资者带来了极大的交易便利。

（一）起步阶段（1997—2000 年）

1997 年，中小型的证券公司营业部为了解决物理网点不足的问题，在信息技术提供商的支持下纷纷在互联网上建立了自己的网站，积极推出网上证券交易系统。客户可以从券商网站下载或者由证券公司提供活动交易软件，通过交易软件进入证券公司营业部的服务器进行证券交易。但由于当时我国互联网刚刚起步，上网人群较少，同时，网络证券尚属于新鲜事物，客户不是太了解，证券公司对交易业务不熟悉，因此互联网交易发展相对缓慢。

（二）全面网络化阶段（2000—2012 年）

2000 年 4 月，中国证券会颁布《网上证券委托暂行管理办法》，这部法规是针对互联网证券交易活动进行规范的第一部法规，标志着网络证券的发展纳入了规范化的发展轨道。这部法规不仅对互联网证券交易进行了规范，而且极大地促进了人们对网络证券的理解和认识，一时间，各大证券公司纷纷拓展网络证券交易渠道。华泰证券的网络证券交易占比高达 12.5%，成为当年这一领域的佼佼者。

在这之后，网络证券的发展突飞猛进，呈现出连年递增的局面，网络证券交易额不断扩大，其在整个证券交易的比重也是逐年上升。截至 2006 年，网络证券交易规模占沪深交易所的比例为 19%，个人客户网络证券交易平均占比为 40%，2009 年发展到 70%，2012 年已经超过 90%。2014 年底，我国网络证券交易用户数超过 1 000 万户。

从 2000 年开始，部分证券公司以抢夺市场为目的实行佣金打折。证券公司实行这种策略：一方面是由于网络证券交易确实降低了交易成本；另一方面也是因为证券市场交易火爆，投资者信心满满，佣金收入成倍增长。2008 年股市大跌，证券公司的业务发展受到了很大的冲击，业务低迷，同时，之前证券公司暴露出的服务同质化、佣金费率不断走低的情况导致了大量证券公司经营困难。在这种情况下，2010 年，中国证监会颁布了《证券投资顾问业务暂行规定》，允许证券公司、证券投资咨询机构向客户提供有关证券购买咨询、投资建议的服务，对客户投资起到辅助作用。这项规定的出台对证券公司发展新的业务提供了有力的保障，规范和完善了证券市场的业务范围，也给一度因为佣金率竞争而陷入困境的证券公司带来了新的发展机遇。

（三）全方位服务阶段（2012—2015 年）

随着证券市场的快速发展，传统的证券经纪业务、投资咨询业务已经不能满足客户的需求。2012 年，证监会颁布了《证券公司代销金融产品管理规定》，明确了证券公司可代销符合要求的券商理财产品、证券投资基金、商业银行理财产品、信托公司信托计划、保险产品等各种金融产品，金融产品代销从制度上得以规范和放开。这也使得证券公司的业务范围进一步扩大，更高层次的满足投资者的服务需求。

但是，不能直接在网上开户与销户，是制约网络证券发展的一大问题。这在很大程度上，增加了证券公司开设营业部的成本，也给一些轻视物理网点建设，重视网络服务的证券公司的发展带来了很大的阻碍。相反，基金公司的网上开户模式在很大程度上为证券公司实行网上开户提供了借鉴。基金公司的客户在互联网上填写开户信息，通过第三方身份证信息验证后即可开通基金账户，资金的划转以银行为通道，有账户密码的保障。基金公司实行网上开户的几年时间里，客户交易情况良好，没有出现重大的安全隐患。

基于互联网技术的飞速发展，网络信息安全技术也在逐渐成熟，证监会在大量的论证调研之后，通过一连串相关政策规定，逐步放开了网上开户的政策限制。随着证券行业监管转型和业务创新逐渐深化，越来越多的证券公司开始加速互联网证券业务布局，通过打造多层次互联网平台，整合升级线上线下资源，加速网络证券业务创新，增强客户黏性。截至 2015 年 3 月，证监会共批准 5 批 55 家公司试点开展互联网证券业务，已有 5 家公司实现理财账户的开户和产品的购买，累计开立注册类账户和理财账户数已超过 43 万户（其中理财类账户超过 27 万户）。

三、网络证券的发展意义和发展趋势

（一）网络证券的发展意义

1. 互联网与券商的融合加速了券商行业的更新换代

纵观发达资本市场历史，佣金率下滑是必然趋势，这是证券行业"升级换代"的结果，在证券行业发展初期，经纪业务是券商行业赖以生存的基础，一般佣金率都受监管部门保护，但随着证券业务的发展，收入逐步多元化，价格管制也逐渐放开，经纪业务在市场竞争的情况下，佣金率必然趋于下滑。互联网证券的出现从两个层面加速了佣金率的下滑：一是互联网打破了区域之间的价格差异，短期对于佣金率较高的中西部地区的冲击较大；二是互联网模式进一步降低了经纪业务的成本，打开了价格下降的空间。

佣金率下降将是行业发展的必然趋势和要求，互联网的加入加速了经纪业务市场化的步伐，短期可能会对佣金率较高的区域型券商造成一定的冲击，但是站在更长的历史维度上，互联网和券商的结合加速了整个证券行业的更新换代，提升了整个券商行业的创新氛围,加强了中国券商行业的国际竞争力和影响力水平。

2. 互联网全面拓宽了券商行业的渠道

近年来,国内券商行业的发展速度远不及银行、保险等其他金融子行业,其中一个很重要的原因是渠道明显不足,这直接导致了产品销售能力不足,客户规模不大,品牌影响力不够等诸多问题。以行业龙头做比较,银行业龙头工商银行的分支机构在2万个左右,客户规模在4亿个以上,而券商行业龙头中信证券的网点规模在200个左右,客户规模在400万~500万个之间。两者规模相差很大,由此可见券商的渠道和客户规模无法与银行同日而语。

互联网平台的加入为券商的逆袭提供了重要的机遇。首先,互联网平台提供了大容量、低成本的客户和渠道资源,提升了券商行业的销售能力,缩小了与银行、保险的差距。以腾讯为例,其即时通客户规模已经达到8亿,远超任何金融机构的客户规模,券商若能与互联网平台实现较好的客户导流,必能实现客户和规模的快速提升,并有望反超其他金融子行业。另外,互联网渠道为券商提供了一个打"翻身仗"的机会。互联网的渠道成本低于物理网点,在互联网营销时代,银行、保险庞大的物理渠道反而造成本端的巨大压力,券商物理网点的不足反而成为其大举发展网络渠道的有利条件,并最终在渠道成本上胜人一筹。

3. 互联网为券商更好地服务中小客户提供了重要手段

证券市场散户化一直是中国资本市场的重要特征,具体表现为两点:一是投资主体散户化,即投资者更倾向于技术分析,忽视价值投资,投资行为短期化,换手率较高(中小散户的换手率明显高于高净值客户)。在这样的资本市场生态环境下,中小散户为证券公司贡献了很大一部分收入和利润。尤其在经纪业务领域,表现尤甚。

但与收入贡献构成鲜明对比的是证券公司对中小散户的服务同质化现象比较严重,用户体验较差。互联网的出现为券商更好地服务中小客户提供了重要手段。在服务中小客户上,相比传统模式,互联网模式至少在三个方面获得重大突破:一是打破时空的限制,传统模式的大部分服务时间都限定在交易时间(工作日9:30—11:30,13:00—15:00),服务地点限定在营业网点,而在互联网模式下,服务时间有望扩展到$7 \times 24h$的模式,并且任何有网络的地方,用户均可享受到互联网方式提供的服务;二是服务内容更加多样化,在传统模式下,券商为中小散户提供的服务主要是交易服务,在互联网模式下,中小投资者享受的服务将呈现多样化,包括交易、投资咨询、投资者教育、网上购买金融产品等;三是收费更加低廉,目前传统模式的交易佣金一般都在万分之五以上,而当前网上开户的交易佣金低至万分之二点五,未来随着制度的放开和互联网金融的发展,交易、信息服务等基础服务功能将逐步趋于免费,互联网模式的价格优势将更明显。

(二)网络证券的发展趋势

证券行业的信息化在过去的20年间主要发生在技术创新的领域,随着金融互联网化的进一步推进,未来互联网对证券行业的影响会逐渐从"技术革命"演进到"模式革命",发展战略差异化、证券交易全面化、产品销售超市化、券商营销网络化、网络平台移动化等将成为其未来的发展趋势。

1. 战略重构,行业整合

针对互联网所具备的注重客户体验、比较适合"长尾"零售客户和简单的标准化理财产品等特征,不同的券商在金融互联网的战略布局上将呈现不同的侧重和路径。大券商主打综合金融服务,中型券商适度综合特色兼顾,小型券商细分市场特色发展。

中国证券业目前的发展阶段与美国20世纪70年代末类似,预计中国券商将进入全面的发展时代,未来将出现大型综合券商、互联网券商与精品券商同台共舞的行业生态。在零售经纪业务上投入过多的资源容易造成业务服务水平的下降,根据搜狐金融的研究数据分析,大型券商会将目光投向机构业务,放弃在网络零售业务上与中小券商竞争,而中小券商由于缺乏与大券商相抗衡的基础,将加速拥抱互联网,强化零售业务,通过与第三方互联网企业等机构的合作,完成向网络券商转型的过程。从美国、日本等国家的互联网经纪公司的发展历程中可以看出,并购是一个快速有效的发展手段。未来可能会有券商通过并购、控股一家支付公司,绕开第三方存管限制,实现一些理财产品买卖,从而实现多层次的账户体系。

2. 模式重构,生态完整

证券行业的互联网化将意味着对自身商业模式的改造和重塑,传统的以线下营业部为主要渠道、以经纪业务为主要盈利的模式将被改变,证券交易全面化、产品销售超市化、券商营销网络化将成为趋势。网络证券将以用户为中心,利用大数据深度挖掘和识别客户的需求,构建由最佳客户体验和多功能账户体系组成的完整金融生态圈,根据不同的需求来划分和管理客户群,匹配给客户完善的产品体系,提供投资、融资、理财、支付、投顾、社交等一体化服务功能。未来预计将有更多的券商依托互联网金融策略,搭建开放的互联网金融社区和综合服务平台,充分满足客户的需求,为不同类型的投资者创造价值。目前,国泰君安、平安证券、华泰证券都在尝试打造自身的金融生态圈。

3. 移动引领，抢占高点

手机等多元移动终端的广泛使用推动了移动金融的暴发增长，移动支付渐成主流，移动银行推陈出新，移动应用日益丰富。2014年末，国内移动网民数量已超过PC端客户数量，网络证券的移动化也将成为未来发展趋势。目前，在移动互联网领域，市场上并没有出现垄断的移动IT系统开发商，而券商自主研发的App市场认可度较高。有关数据显示，证券类App人均单日有效使用时间高达6.2s，人均单日使用次数达3.6次，客户黏性比较好。这正是券商向移动互联网升级的好时机，可以抢占移动互联网金融的制高点，推进证券行业与互联网的深度融合。

第四节 网络保险

一、网络保险的定义和种类

（一）网络保险的定义

随着信息技术和互联网的高速发展，全球保险行业的营销模式和保险产品发生了日新月异的变化。在这波互联网金融的热潮中，"网络保险""互联网保险"的概念应运而生。

广义的网络保险是指实现保险信息咨询、保险计划书设计、投保、缴费、核保、承保、保单信息查询、保权变更、续期缴费、理赔和给付等保险业务全过程以及保险经营管理活动的网络化，它不仅包括保险公司或者其他保险中介机构利用互联网来开展保险业务的行为，甚至包括保险公司内部基于互联网的经营管理活动，以及在此基础上的保险公司之间、保险公司与股东、保险监管、税务、工商管理等机构之间的交易和信息交流活动。

狭义的网络保险又称网上保险或网销保险，是指保险公司或保险中介机构以互联网和电子商务技术为工具来支持保险经营管理活动的经济行为，有别于传统的保险代理人的营销模式。

互联网保险则是近两年出现频率比较高的一种提法。根据中国保监会2015年7月下发的《互联网保险业务监管暂行办法》对互联网保险做出的界定，互联网保险是指保险机构依托互联网和移动通信等技术，通过自营网络平台、第三方网络平台等订立保险合同、提供保险服务的新型金融服务方式。从实际运行情况来看，互联网保险基本属于纯线上保险，是网络保险在当前阶段的一种新型发展模式。

同网络银行、网络证券的界定一样，由于金融的互联网化仍处于阶段性发展过程，网络保险的外延仍处于变化之中，网络保险与互联网保险的概念及使用在业界逐渐趋于一致。其具体内容主要包括保险数据的搜集和分析、保险产品的设计和营销、保险需求的专业分析、保险产品的购买服务、在线核保和理赔服务以及在线互动交流服务等。

（二）网络保险的种类

1. 按发展模式划分

网络保险按发展模式划分，主要有保险公司自建、保险代理合作、专业互联网保险三种类型。

①保险公司自建模式。保险公司自建模式是指保险公司通过自建网站而开辟的网上销售通道。保险公司网站模式是最早出现的也是目前最普遍的网络保险模式。保险公司使用自己的品牌建立官方网站，方便客户查询搜索，并向客户介绍相关的产品和服务，部分保险公司也支持在线购买，并提供售后查询、理赔等服务。

保险公司建立网站通常需要具备充足的资金、丰富的产品体系以及较强的运营和服务的能力。互联网的最大特点就是透明，保险公司网络营销的竞争其实就是后台运营能力和服务能力比拼。因此，这些条件通常只有大型保险公司能够满足。目前国内的保险公司基本全部建立了自己的网站，但大多数保险公司网站仅仅提供很少量的信息（公司新闻、介绍等）而已，并没有实质性的保险经营活动。因此，按照是否从事销售活动，可以进一步将保险公司网站细分为宣传型网站和销售型网站，前者只能算是"保险电子化"，而非真正意义上的网络保险。而后者则是一种利用互联网优势所进行的模式创新，又被称为保险电商。国内的中国人寿、中国人保、平安、太平洋等保险公司都已推出自己的网上商城，消费者可以在其官网上购买保险产品。通过自建网站销售，保险公司对营销方式、产品设计和定价有完全的自主权，有利于其更好地维护形象、贴近消费者，可把消费者访问流量吸引到自家网站。

②保险代理合作模式。保险代理合作模式是指保险公司与其他代理方签订合作代理协议，利用代理合作方的网络平台来销售自己的保险产品和提供保险服务。根据代理合作方的不同，该模式又可分为保险专业代理模式、保险兼业代理模式和第三方电商平台代理模式。

保险专业代理模式是指保险公司委托有资质的专业保险代理或保险经纪公司，通过签订协议在其网站上代理保险产品销售和提供服务。根据有关监管文件规定,只有获得经纪牌照或全国性保险代理牌照的中介机构才可从事互联网保险业务。2012年2月,中国保监会正式批准了第一批具有互联网保险销售资格的名单,包括中民保险在内的19家网站获批,保险代理经纪模式的大门从此开启。网站通过自己搭设的交易平台,吸引众多保险公司参与,能够向消费者提供较为丰富的各家保险公司的产品和价格,消费者可根据自身的需要,通过对比的方式选择适合自己的商品,完成保险的购买,网站靠从中收取较低的佣金或手续费盈利。该模式能借助产品和服务等综合优势为客户量身定做保险方案,协助客户完成投保甚至索赔等环节,协调保险公司和消费者之间的利益管理。

保险兼业代理模式是指保险公司委托银行、航空、旅游等非保险机构通过其网站来代理销售保险产品和提供相应服务的模式。如中国东方航空网站、携程旅行网、芒果网、翼华科技、工商银行等,其官方网站都有保险代理产品和服务。兼业代理销售的保险产品一般与其主业有关,如航空公司销售的航空意外险、银行销售的面向理财客户的投连险和寿险产品等。该模式往往可以实现合作双方的客户增值服务与代理收入的共赢,但有时因属于代理方的非主营业务,客户体验会受到不同程度的影响。

第三方电商代理平台模式是指保险公司借助独立于保险公司和投保人的第三方电子商务交易平台来销售产品和提供服务。如淘宝、天猫、京东等大型电子商城,甚至和讯、搜狐、新浪等综合服务型门户网站也都成为保险公司拓展网络保险的合作伙伴。这种交易平台的提供商普遍没有保险代理资格,仅仅以平台模式运营,收取服务费。以淘宝网为例,在与保险公司缔结的《电子保险平台线上服务协议》中可以看到,淘宝主要是向保险公司提供信息发布、电子保单查询、订单服务以及维护网上交易平台的正常运行。不承担因销售电子保单所引发的争议、内容变更和退保等责任,所产生的纠纷由保险公司和购买者自己协商解决。

由于这些第三方交易平台拥有海量的用户和流量、成熟的网络交易平台和较高的知名度,其长期积累的专业性和安全性往往容易得到客户认可。大部分中小型保险公司考虑到建立网站成本及流量问题,愿意将自己的网络营销渠道与其合作。但是在这种模式下,保险公司对代理渠道的掌握度较低,受平台网站设计限制,往往在营销方案的灵活度上有所欠缺。

③专业互联网保险公司模式。专业互联网保险公司模式是指保险公司设置专门的互联网保险企业来从事网络保险业务的模式。在该模式下,根据保险公司经营业务主体的不同,大致分三种:纯网络保险的"众安在线"模式、产寿结合的综合性

金融互联网平台和专注财险或寿险的互联网营销平台。

2013年9月，众安在线财产保险股份有限公司成为国内首家获批的互联网保险公司，也是全球首家互联网保险公司，由蚂蚁金服、腾讯、中国平安等知名企业基于保障和促进整个互联网生态发展的初衷发起设立，拥有互联网和保险的双重"血统"。众安保险业务流程全程在线，全国不设任何分支机构，完全通过互联网进行承保和理赔服务，将大数据技术运用于产品设计、自动理赔、市场定位、风险管理等全过程。2015年，众安保险原保费收入为22.83亿元，较上年增长1.88倍，并在2015年完成了57.75亿元的A轮融资，目前估值500亿元，名列《全球金融科技100强》首位。2015年6月，中国银行保险监督管理委员会又批准筹建易安财产保险股份有限公司、安心财产保险有限责任公司、泰康在线财产保险股份有限公司三家互联网保险公司。

2. 按产品种类划分

总体而言，小额、数量大、标准化的金融类产品比较适合互联网销售。目前来看，网络保险的产品种类主要有以下几种：

①车险、意外险及其他财产险。非寿险业务依然是网络保险的主流，寿险公司主推的产品是意外险、旅游险等险种，非寿险公司主推车险和其他财产险。

②理财型险种。以万能险为代表的理财型险种使得网络保险中寿险的保费收入快速增长，该险种尤其对中小保险公司网络保险业务规模的贡献度较高。

③定期保障、小额健康和医疗险。这些产品以短期或中期产品为主，有的产品投资门槛仅500元或1000元，利润率比较低。

④新型时尚险种。这类险种多是为了提升公司品牌认知和积攒客户，在实际销售中多是赠送或超低价销售。

⑤互联网安全保险产品。这类险种是由保险机构来提供因盗刷导致的损失赔偿，有助于提升客户对网上交易的认可度。

二、网络保险的发展历程

（一）国外网络保险的发展情况

由于网络技术方面的领先地位和优越的市场经济环境，美国、欧洲等国家的网络保险在20世纪90年代中期就开始出现，多数保险公司都已发展网上经营。美国的网络保险主流模式有代理模式和网上直销模式两种，而具有目前最大保险公司、保险集团的欧洲，更多的是采用网上直销模式。

（二）国内网络保险的发展状况

国内网络保险的发展主要经历了萌芽期、探索期、全面发展期、爆发增长期四个发展阶段。

1. 萌芽期（1997—2000年）

1997年11月28日，北京维信投资顾问有限公司和中国保险学会发起成立了我国第一家保险公司网站——中国保险信息网，这是我国最早的保险行业第三方网站；同年12月，该网站为新华人寿保险公司达成了第一单网络保险。互联网与保险的融合标志着我国保险业的互联网进程开始萌芽。

2. 探索期（2000—2011年）

2000年对我国保险业的互联网化发展来说是极为关键的一年，在这一年内，国内众多保险公司纷纷与互联网结合或者建立基于互联网技术的信息平台，开设网站，进行保险业务的营销推广。2000年5月，人保广州分公司与建行广东省分行合作推出网上保险业务；2000年8、9月，平安保险的"PA18新概念"和泰康保险的"泰康在线"电子商务平台分别建立，实现了在线保险销售，后者还是全国第一个应用数字认证技术的保险电商网站。2001年3月，太平洋保险北京分公司开通"网神"，推出了30多个险种，开始了真正意义上的保险网销。但由于人们的保险意识相对淡薄，再加上网络支付安全问题，网络保险的推行受到了一定程度的制约，网站宣传保险产品与服务仍是这个时期的主要内容。

2005年，《中华人民共和国电子签名法》的颁布实施为电子保单技术的有效运行提供了强有力的法律依据，大大推动了网络保险业务的创新发展。中国人民财产保险股份有限公司实现了第一张全流程电子保单。之后，更多保险公司开发的保险产品通过网上平台出售，从产品线到承保、定损、理赔，积极探索运用互联网渠道进行保险产品的营销。

阿里巴巴等电子商务平台的兴起为中国互联网市场带来了新一轮的发展热潮。伴随着新的市场发展趋势，网络保险开始出现市场细分，一批以保险中介和保险信息服务为定位的保险网站纷纷涌现。在这一阶段，由于网络保险公司电子商务保费规模相对较小，电子商务渠道的战略价值还没有完全体现出来，因此，在渠道资源配置方面处于被忽视的边缘地带。保险电子商务仍然未能得到各公司决策者的充分重视，缺少切实有力的政策扶持。

3. 全面发展期（2011—2013年）

2011年8月，《中国保险业"十二五"规划纲要》要求全面推进保险行业的信息化建设，大力发展保险电子商务，推动电子保单以及移动互联网、云计算等新技术的应用，网络保险发展开始爆发式增长。在这一时期，各保险企业通过其官方网站、保险超市、门户网站、离线商务平台、第三方电子商务平台等多种方式，开展网络保险业务。

2012年8月，平安人寿发布首个应用于寿险保单服务的App应用程序"平安人寿E服务App"，泰康人寿携手携程网、淘宝网打造互联网保险；同年12月，泰康人寿登录京东商城开通保险频道，在线推出了近10款保险产品，国华人寿通过淘宝聚划算网络销售平台推出3款万能险产品，仅3天时间销售额达到1.05亿元，成为业界利用网络平台团购模式销售保险产品的第一家。2013年10月，阿里巴巴、中国平安、腾讯联合设立的众安在线财产保险公司获得国内第一个也是全球第一个互联网保险牌照。2013年11月11日，淘宝理财频道当天成交保费额为9.08亿元，其中国华人寿华瑞2号单品成交4.62亿元，刷新了互联网单品在线即时成交纪录。数据显示，2011—2013年，中国经营网络保险的公司数量从28家增长到60家，每年平均增长46%，总保费从32亿元快速增至291亿元，年平均增长202%，投保客户也从816万户增至5437万户。

4. 爆发增长期（2013年以后）

网络保险不仅是保险产品的互联网化，还是对商业模式的全面颠覆，是保险公司对商业模式的创新。经过十多年的探索发展，保险行业已摸索出一套相对可控、可靠的体系和经验，确立起网络保险的基本模式。截至2015年末，国内开展网络保险业务的保险公司超过了110家，网络保险保费规模实现跨越式增长。2015年全年网络保险保费收入超过2000亿元（其中，人身险保费1465.6亿元，同比增长3.15倍；财产险累计保费收入768.36亿元，同比增长51.94%），这个数字是2014年的两倍多，是2011年的30多倍。互联网保险保费收入占行业总保费的比例超过5%，贡献了全保险行业保费增长率15%以上的份额，成为拉动保险业保费收入增长的最重要的驱动力。在网络人身险保费收入中，包括万能险、投连险在内的理财型业务的保费占比83.2%，在网络财险累计保费收入中，车险占比则高达93.20%。

在网络保险迅猛增长的同时，监管部门逐渐加强了对网络保险的规范。2011年9月，银保监会正式下发《保险代理、经纪公司互联网保险业务监管办法（试行）》，标志着中国网络保险业务逐步走向规范化、专业化。2013年9月，银保监会发布《中国保监会关于专业网络保险公司开业验收有关问题的通知》，进一步明确了设立网络保险公司的具体要求。2015年7月《互联网保险业务监管暂行办法》的颁布，标志着我国互联网保险业务监管制度正式出台，其以鼓励创新、防范风险和保护消费者权益为基本思路,从经营条件、经营区域、信息披露、监督管理等方面明确了互联网保险业务经营的基本经营规则。

三、网络保险的发展趋势

与传统保险相比,网络保险具备渠道流量大、客户多、产品费率低以及及时掌握客户需求、提供针对性产品的优势,但目前也暴露出一些风险问题。比如,互联网的虚拟性会产生各种伪数据,从而引发数据安全和数据定价风险,随意利用互联网创新噱头而引发的创新与声誉风险,还有信用与网络欺诈风险、信息与技术安全风险、操作风险等。随着各种监管规定的陆续落地,未来网络保险将在规范中沿着"渠道创新——产品创新——模式创新"的路径持续发展,并可能呈现出以下发展趋势。

(一)基于互联网的智能化保险交易

互联网的发展使得保险公司能够积极运用各种互联网技术,在保险销售渠道等方面进行创新。现在的互联网保险交易是以互联网为工具通过保险代理人或客服向客户提供保险需求等方面的服务。而智能型互联网交易是指不需要借助中介人,通过网络直接为客户匹配险种和提供智能的保险售后服务,相当于一个虚拟的智能保险公司。随着保险行业的市场化和技术的进步,基于互联网追求更高效率、更低成本的虚拟保险交易方式将是一种必然趋势。面对未来保险公司和互联网机构的竞争,紧紧抓住市场机遇,努力进行大胆的创新是保险公司的必然选择。从市场的长远角度看,监管机构将会更加鼓励保险营销模式的创新和保险市场的良性竞争,推动市场积极地提高交易效率和降低成交成本,同时也会加强对这种新的交易方式下违法违规行为的监管,防范可能导致的系统风险。

(二)基于真实需求的多元化产品创新

有关调查显示,经过广泛的"噱头"类产品创新后,真实的保险需求已成为业内外关于网络保险产品创新的明确方向。未来的网络保险产品创新领域将更为广泛和多元化,力求结合互联网可以设计出真正符合消费者需求的保险产品。创新方向将分为两大类:一是增量市场上的产品创新,将基于更为广泛的应用场景,配合互联网、大数据等新兴科学技术设计出的互联网保险产品,有着"碎片化""高频率""场景化"等特点,比如,虚拟生活与虚拟资产、简单明了的专项重疾险、适合家庭群体特征的捆绑险、赔付灵活的意外险等;二是存量市场的产品创新,费率改革以及新的市场环境、政策环境下,传统保险产品势必在新的技术应用下,或主动、或被动地向更为接近消费者需求的方向演进，甚至承担起打通保险和不同产业融合的使命，如医疗、养老、环保、食品安全等。我国网络保险可以在互联网小微企业信用和贷款保证金保险、农村小额保险、网销食品等的责任保险、物流保险等与互联网金融、互联网消费等有关的领域积极发挥自身防范风险的能力，积极拓宽自己的发展空间，结合互联网优势开发出更多标准化和个性化的保险产品，促进互联网保险的发展。

（三）基于大数据与人工智能的精算定价

作为金融机构，保险最为核心的地方就是对风险的定价。对保险业来说，如果互联网技术能够通过丰富、完善和细化定价因子深入产品定价才是最有价值的。目前保险产品的定价都是基于传统的定价理论和模型（如寿险很多产品的定价仍基于生命周期表，产险定价主要基于事故发生率）。伴随大数据与人工智能的发展，基于"云+端"的远程信息获取和处理，将会使保险定价出现颠覆性的变革，实现对各种风险更为精准、动态、差异化的定价。但科技的进步向来都是双刃剑。对于大数据对风险的精准定价其实保险业内存在争议。简单地说，保险是靠大数法则而生存运转的，假设未来大数据发展到极致，可以精准地定义每个个体的差异化的风险，对保险业的影响将会怎样呢？根据有关研究，就市场空间来看，精细化定价对于保费总量应该具有一定正面的刺激效果，尤其是对优质客户而言。就整体的利润率情况来看，初期面临"件均向下＋新增优质客户"，利润整体持平；后期面临"件均恢复＋客户分层显现"，利润率或稳中略升。

（四）基于整合的保险生态系统

技术的进步以及消费者行为的改变正在重塑全球保险业，而邻业进入者也促使保险业整合成为更广泛的生态系统。对保险公司而言，机遇与挑战并存。尽管目前行业整体数字化改良与创新尺度不同，但保险公司毫无退路可言，内部中后台管理的数据化转型与变革已成必然趋势。德国安联、中国平安等保险巨头已在转型路上先行一步，而 Oscar、Bought By Many 等小而美的创新也让人充满想象。网络保险、互联网保险或许只是一个过渡性概念。不远的未来，当人们的衣食住行都离不开网络时，也就没人在意是所谓"互联网保险"还是传统保险了。当互联网思维引发的全新模式早已融入保险产品设计和运用当中时，保险的核心竞争力应该是在跨界资源整合能力、便捷服务供应的效率和反欺诈技术的成熟度上。站在十字路口的中国保险业，亟待转变观念、厘清战略、构建能力，在网络保险重塑行业格局之际博得一席之地。

第五章　数字金融对经济的宏观影响

互联网金融本身属于金融创新，而金融创新对于金融市场和金融发展的影响，通常可以分为积极效应和消极效应两大类。

从积极效应来看，金融创新是由于金融机构服务能力提升及多样化而实现的，意味着其竞争力的提高，更能满足客户现实中的变化需求，且能通过产品创新进一步拓展金融市场边界，提高整体金融服务效率，进一步进行金融创新，促进资本有效配置。

从消极效应来看，金融创新易引起潜在风险问题，并进而导致金融体系的不稳定，例如金融危机的产生，是由于风险配置对冲驱动创新的金融产品，一方面为市场主体提供了更多的风险转移和对冲的有效机制，但是另一方面也增加了金融系统的不稳定性，并在客观上要求监管的创新。

需要指出的是，金融创新积极效应和消极效应的发挥通常存在一个滞后效应，并且在不同阶段的形成原因和影响效果存在差异：

第一阶段，金融产品从创意获得、项目立项、组织资源开发、初步设计到监管审批和市场推广，中间经历多个环节，甚至经常存在"反复回炉"的情况，因此金融企业金融产品的创新投入到实际产生效应中间存在一个滞后时间段，特别是一些复杂性业务以及受监管机构严格管控业务，通常金融产品创新的滞后期较长。在这一阶段，通常金融企业不会立即获得积极效应，但是会因为大量的研究支出导致对其他资源的占用，即出现沉没成本逐渐上升的问题，同时也会因新产品而调整现行业务审查审批流程或者风险控制要求，出现一定的消极效应隐患。

第二阶段，金融创新从市场推出、客户接受、市场竞争到收益获取或者风险暴露，也存在一个滞后过程，一般来说，越是突破性较强、产品结构透明度低或者金融机构自身品牌形象知名度不足的金融产品，这一阶段的滞后期越长。在这一阶段，金融创新的积极和消极效应都会逐步显现，通常短期内会集中表现出收益增加、竞争优势建立、客户满意度增加等积极效应，而在长期将会引出产品操作风险或市场风险上升、对其他产品或者组织的风险内部传递等消极效应。

第一节　互联网金融有助于实现普惠金融

一、金融排斥与金融包容性增长

（一）金融排斥与普惠金融

我国农村金融和小微金融长期以来面临金融排斥（Financial Exclusion），使得农户、小微企业缺少足够的途径或方式接近金融机构，以及在利用金融产品或金融服务方面存在障碍与困难。由于我国农村金融、小微金融体系仍存在高成本、不可持续等问题。发展中国家仅仅有40%的家庭有储蓄，有贷款需求的人只有21%通过正规金融机构获得贷款，我国也不例外，小微企业融资难、融资贵现象突出，多年未有缓解。由此，金融改革和创新亟须继续深化，改变现有的金融短缺和金融抑制现象，通过构建完善普惠金融体系，实现金融包容性增长（Financial Inclusive Growth）。所谓普惠金融，是指立足机会平等要求和商业可持续原则，以可负担的成本为有金融服务需求的社会各阶层和群体提供适当、有效的金融服务。发展普惠金融已成为中国金融改革的重要任务之一。

例如，通过推动微型金融机构的设置等解决此问题。在实践中也有诸多新型模式，如尤努斯的团队授信机制，我国政府出台的强制性地要求商业银行为中小企业提供更多的贷款、规范金融部门收费行为、定向增加为小微企业和涉农企业提供融资服务的金融机构的流动性供给、建立更多的中小金融机构如民营银行等。但是就我国目前的情形而言，该问题依然没有得到有效解决，在经济下行中依然具有现实严峻性。抑制性金融政策仍然相当普遍，监管当局仍然日常性地干预利率、汇率、资金配置和资本流动。庞大的正规金融体系只是为高盈利企业与高财富家庭提供服务，超过70%的中小企业、农户和城市低收入家庭并没有享受到较好的金融服务。如何为这些潜在的客户群体提供更好的金融服务，是发展普惠金融的基本任务。

（二）金融排斥原因、过往解决路径以及存在的问题

分析阻碍农户、小微企业信贷可获得性的表面障碍，可以发现，一是合格抵押品不足，且在征信系统不发达、诚信缺失的市场中，评估普惠金融典型客户的信用尤其困难，金融机构难以进行合理的风险定价；二是商业银行网点布局的高成本导

致其退出该市场。究其深层次的原因，最根本之处应归于信息问题和成本收益比问题。

信息不对称是研究金融信贷配给（Credit Rationing）的重要视角，而信息是金融机构借以评判是否向信贷申请人授信的依据所在。银行贷款技术可以分为交易型贷款和关系型贷款，前者主要使用财务报表等"硬信息"，后者主要使用银行在与企业长期和多渠道接触中积累的"软信息"。"硬信息"通常指报表、有形的抵押品和法律形式的担保合同。软信息包括定性的非财务信息（Non-financial information）、借贷中的私人信息（Private information）和资产特性、客户和供应商品质等信息（Soft information）。

传统商业银行信贷发放时，基本采用交易型借贷方式，其授信与否在于银行掌握的信贷申请人"硬信息"情况，而农户、小微企业多数缺乏健全的财务报表，由此银行转而要求其提供合格抵押品，但这一群体通常又缺乏合格抵押品，导致无法从银行获得信贷或者抵质押率过高导致信贷资金无法满足其需求。中小金融机构的经营更具有区域性，在与当地小微企业的长期合作中，通过相互的了解可以减少信息不对称和道德风险问题，从而缓解其金融排斥。关系型融资有三个特征：一是金融中介机构拥有企业的业主专有性信息，这些信息是普通公众所无法获得的；二是金融机构所拥有的业主专有性信息是通过与同一客户的长期或者多种金融服务交易而得到的；三是内部信息对于局外人自始至终具有机密性，仅仅为关系型融资双方所特有。

基于此，微型金融机构由于具有"本地社区的根植性"，决定了其在软信息上的垄断优势，从而更能建立稳固客户关系，并通过关系型贷款较好地解决代理问题，即小银行优势理论被提出。

提高对企业信息的掌握，能提高贷款配置效率的利润。收集并积累关于小微企业的软信息，建立违约信息通报机制将利于缓解其融资困境问题。微型金融机构具有空间效率的比较优势，更愿意服务于小规模的金融需求。微型金融具有地理包容性，"小而分散"的分布才能有效利用"圈层社会"的软信息，有效降低运营风险和信用风险。这些优势也是微型金融在我国发展中建立的与大型商业银行相比的自身竞争力。基于此，我国普惠金融体系的初建，着力于发挥农信社的作用，以及推广微型金融机构如村镇银行、小贷公司等而逐步推进的。

但其发展中面临的问题在于：第一，地域限制。微型金融机构的开设需要在地理位置上接近客户，同时以其为中心的覆盖范围不能太大，否则信息的有效性和真实性可能会随着范围的扩大而递减,这也就意味着,微型金融机构的开展有极大的地域限制特点,受限于地理半径的大小。第二,社会目标的偏离。由于微型金融机构兼具扶贫的社会目标,而其可持续发展则依赖于商业目标的实现,两者之间存在一定的矛盾和冲突,导致目标偏移(Drifting)现象。如小额贷款公司的制度目标在于引导资金流向农村和欠发达地区,提高农户和小微企业的信贷可获得性,但在实际调查中发现,其运营在一定程度上偏离了制度目标群体,平均贷款额度相对较大,客户群体收入水平和资产规模相对较高。微型金融中的小额贷款公司由于贷款利率高、运营模式不规范等,受信人无法获得信贷。另外,部分小额贷款公司设立的目标是转换成村镇银行,实际经营中其部分贷款流向房地产等高收益行业,导致目标偏离。伴随着微型金融的商业化,"目标偏离"已成为双重目标冲突的表现。

二、以互联网金融缓解金融排斥

(一)金融服务可获得性亟待提高

在互联网经济渗透到金融行业的今天,有没有其他可行的方法来突破此问题?在经济新常态下,发挥小微企业的经济活力以及对经济增长的贡献至关重要。

根据工信部和银监会数据,截至2014年,我国小微企业数量占企业总数的99%、就业贡献占80%、产值占GDP比重达50%,而其贷款获得仅占25%。由于其在国民经济中的作用,特别是经济下行期间,小微企业由于其经营的灵活性,更能及时调整。因此只有解决了其融资问题,才能更好发挥其作用。从我国社会融资结构可以发现,在我国社会融资以人民币贷款为主,其占社会融资总额的比例一直保持在50%以上,2014年信托贷款占比收缩,企业债和股票融资占比都得到较快增长,而小额贷款占比始终较小。我国社会融资结构中直接融资和间接融资不平衡,直接融资明显不足。

此外,中国银行业金融服务可得性仍有较大的提升空间。依据国际货币基金组织的统计数据,从每十万成年人口银行网点数、ATM数来看,2014年,中国每十万成年人口银行网点数为8.1个,约相当于日本、美国、欧元区的1/4,英国的1/3;中国每十万成年人口ATM数为55.03台,约相当于日本、英国的2/5,美国的1/3。从每千平方公里银行网点数、ATM数来看,2014年,中国每千平方公里银行网点数为9.6个,与美国基本相当,远低于日本的103个、英国的55个;中国每千平方公里ATM数为65.5个,只相当于日本的1/6、英国的1/4。商业银行金融服务供给不足的直接结果是,居民对于金融服务使用的比例较低。

(二）互联网支付、信贷、众筹、网络银行等推进普惠金融实现

互联网金融在业务范围、利率浮动等方面打破了传统金融行业的高门槛，其借助于网络，不再受限于物理网点的局限性，具有空间上的低成本和延展性。除第三方支付、网络保险需要牌照外，其他领域基本没有严格市场准入条件。长尾特征是其在普惠金融方面发挥作用的基础。2015 年 7 月，国务院发布《关于积极推进"互联网+"行动的指导意见》，将"互联网+"普惠金融列为 11 项重点行动之一，并从互联网金融云服务平台建设、利用互联网拓宽服务覆盖面、拓展互联网金融服务创新深度和广度三方面，明确了行动方向和关键环节。云计算、大数据、移动互联网等技术的出现及在金融领域的应用，在一定程度上解决了传统金融服务覆盖面不足的问题。一是传统金融机构使用互联网手段不断提高服务质量和效率，不断扩大覆盖面；二是大型互联网企业利用自身的互联网平台开展金融业务，使得金融服务的门槛降低，受惠人群极大拓展，体验明显提升；三是网络借贷、众筹、互联网理财等全新互联网金融创新模式的兴起，更是大大推进了普惠金融的深度和广度。

从金融支付格局来看，2015 年，支付宝（AliPay）和微信支付（WeChatPay）的活跃客户数量已经分别超过 2.7 亿和 2 亿，这一市场规模和增长速度的实现，主要是基于互联网技术的支持。

对于长期以来，传统金融领域融资一直面临金融排斥的小微企业而言，互联网金融无疑为其提供了更广阔的融资渠道选择。网络借贷包括以宜信（Creditease）为代表的个体网络借贷平台（P2P）（宜信的宜人贷已经于 2015 年年底在纽约上市，当年全国 P2P 贷款总额超过了 1 万亿元）、以蚂蚁小贷为代表的小额贷款公司，众筹代表则有天使汇（AngelCrunch）和点名时间（DemoHour）等。国务院印发《关于加快构建大众创业万众创新支撑平台的指导意见》，明确提出要推动大众创业。新企业想要成功必须要获取资源，而其中最为艰难的就是融资。而最能实现"大众创新万众创业"理念的金融组织就是互联网金融中的众筹模式，《指导意见》中也明确指出："众筹，汇众资促发展，有效增加传统金融体系服务小微企业和创业者的新功能，拓展创业创新投融资新渠道。"除众筹之外，网络银行、网络小贷、P2P 便利了其融资的实现。

以网络银行为例，网络银行的发展，包括传统银行的电子化替代以及直营银行的建立，将对金融行业格局产生影响。目前的格局中，大型商业银行的一个优势在于其网点的广泛布局，股份制商业银行多借助于高电子银行替代率来弥补这一不足，城市商业银行则受经营地域的限制，以服务于所在城市为主旨。网络银行的设

立可能使得这一局面发生变化，对于股份制银行和城市商业银行而言，将使其得以在成本节约的前提下突破地理范围的限制，迅速扩展客户覆盖面并通过便捷性服务获取新客户。在利率市场化背景下，尤其是2014年11月央行非对称下调金融机构人民币贷款和存款基准利率，前者下调幅度超过后者，同时存款利率浮动上限调整为基准利率的1.2倍，多数银行一浮到顶，由此银行息差明显收窄，迫使银行业金融机构必须要在探索新的收益增长点的同时降低成本，降低成本收入比率（cost/income ratio）。从这一角度而言，物理网点的减少的确是成本降低的一个重要手段。金融机构在面临金融互联网迁移趋势下的自主选择，将金融机构差异化过程成为一个自然而非刻意的过程。进一步地，金融服务提供者的多元化、展业形式的多元化将促进金融行业经营理念、商业模式、运营模式的改革与提升。所有的市场参与者将采用更灵活、更动态、更前瞻的适应型战略、创新型战略应对新竞争。此外，网络银行的发展对于普惠金融体系的重构将起到重要作用。在分析互联网金融对传统银行业的冲击时，我们发现互联网金融实际上将标准化金融产品和服务提供给了被传统银行业忽略的客户，这些客户涵盖了储蓄和交易额度较小的零售金融客户、难以从正规金融获得贷款的小微企业和农户等。基于纯网络银行在信贷领域的涉足、民间资本的进入、互联网公司在征信和大数据的处理方面的信息收集和分析优势，这三者的结合或将缓解中小企业融资贵、融资难问题，扩展传统金融边界。推动普惠金融体系的重构，实现金融包容性增长（Financial Inclusive Growth）。这既是金融深化，更是金融民主化的重要尝试。

根据北京大学互联网金融研究中心研制的"北京大学互联网金融发展指数"，在2014年1月到2015年9月间，中国的互联网金融每月的环比增长速度达到5.9%，也即每年翻一番。其中，投资和保险两个分行业的增长速度比相对成熟的货币基金与支付服务的增长速度要更快一些。从我国互联网金融的发展演进看，其在创造机会、改善公平、消除贫困、缩小收入差距等方面发挥了传统金融体系难以替代的作用。众筹和P2P为个人创业和企业投资提供资金来源，本质上为其发展创造了机会，从而激发了社会创造力。对于低收入群体，互联网金融可能帮助其积累资金、平滑消费、管理风险、改进生产技术，从而降低贫困率和缩小收入差距。

（三）互联网金融在"三农"方面的实践

阿里巴巴在2014年启动"千县万村"计划，启动阿里未来三大发展方向（涉农电商服务、大数据业务和跨境电商服务）之一的"涉农电商"服务。中国有约2000多个行政县，在传统的城乡二元体制下，县域起到桥梁作用：一端连接城市，另一端是乡村。因此，以县为落脚点提供金融服务，将会在彻底消除贫穷、构建智慧乡村以及完善中国的征信体系等方面产生积极作用。以浙江省安吉镇为例，2015年有3000余个淘宝、天猫店主享受到网商银行的金融服务，总计授信18.26亿元，总发放贷款1.08亿元，最高一个用户1年累计获得贷款510万元。2016年，蚂蚁金服推出农业供应链金融解决方案，作为服务农村金融的重点。以贷款产品和服务为例，在过去几年，蚂蚁金服已经通过面向农村淘宝合伙人的信贷支持（网商银行计划投入10亿元人民币，支持大学生回乡创业），提供给农村生产经营户的贷款产品旺农贷，服务了大量"三农"用户，他们当中有农村消费者、农村种养殖户、农村电商与村淘合伙人，也有农村的小型种养殖户、小微企业与个体经营户。而2016年，蚂蚁金服农村金融服务的客户将"升级"，覆盖到类似易果生鲜、合作社等的规模化的新型农业经营主体，如专业合作社、家庭农场和种粮大户等。随着服务人群的扩大，蚂蚁金服实现服务的方式也随之升级。从线上的数据化信贷平台，到线上+线下熟人平台的模式，未来则会进一步发展供应链+定向支付平台、融资租赁平台等。2015年，蚂蚁金服在支付、保险、信贷三大块业务所服务的"三农"用户数分别达到1.4亿、1.2亿、2000万。之所以能够实现这一点，是因为蚂蚁金服在农产品上行（将农产品从农村售卖到城镇）过程中，阿里巴巴零售事业群、农村淘宝的合伙人，可以对生产过程做把控，在农村淘宝农资平台的下行（将其从城镇售卖到农村）过程中，阿里旗下的菜鸟物流可以将农资送货上门。在销售环节，则有天猫超市、乡甜平台的支持，真正形成了良性循环的生态体系。京东在2015年也全面启动农村电商"3F战略"，即工业品进农村战略（Factory to Country）、生鲜电商战略（Farm to Table）和农村金融战略（Finance to Country）。

第二节 提升金融效率

互联网金融与传统金融很大的不同点，并不是它是通过互联网渠道以及移动渠道来进行业务的开展、产品的创新，而是在这一过程中，一是互联网金融在交易成本上的降低，使得它能够分享给金融消费者更高的投资收益率；二是互联网金融对数据的收集、发掘、分析、使用，使其在将软信息转换为硬信息、信息不对称的解决上以一种不同于传统金融的方式实现；三是网络的发展改变了信息传递的方式、路径，大量资讯和各种创新给公众带来了心理冲击，社交网络带来了扩散效应。公众思维出现"自动思维"到"社会思维"再到"心智模型思维"的并存。

一、降低交易成本、扩大金融交易地理范围

网上支付、电话支付和移动支付等电子支付业务近几年快速发展，为低成本扩大金融覆盖面提供了可能。随着互联网企业，如 BAT（百度、阿里、腾讯）着力于构建创新支付场景，未来移动支付或超越互联网支付，2014 年第二季度，手机银行客户交易金额达到 5.99 万亿元，环比增长 8.07%，已经超过了互联网 5% 的环比增长率，手机银行业务将成为未来金融支付快速发展的方向。

支付宝下的蚂蚁金服在 2015 年已经彻底去掉 IOE（IOE 中的 I 指 IBM 服务器提供商、O 指 Oracle 数据库软件提供商、E 指 EMC 存储设备提供商，三者构成一个从软件到硬件的企业数据库系统。阿里用成本更加低廉的软件——MYSQL 替代 Oracle，使用 PC Server 替代 EMC2、IBM 小型机等设备，以消除 IOE 对自己数据库系统的垄断），用自己研发的数据库、用自己的方式去解决，用不断提高技术的效率和降低成本可以做到单笔技术成本 2 分钱。这个重要前提使得互联网金融间接推进普惠金融成为可能。

网络支付和移动支付不仅仅是便利了金融交易的进行，更为重要的是其在降低交易成本的同时，还大大拓宽了金融交易的地理范围，提升金融服务覆盖面和渗透率。从交易成本来看，根据肯尼亚、菲律宾、印度等国家的手机银行在微型金融（Microfinance）领域应用的经验，证明了手机银行在解决农村银行网点少、金融服务不足问题的同时，也帮助银行解决网点建立成本和小额交易处理成本问题，并保证金融服务提供的可持续性。

二、提高资金配置效率

资金配置效率的提升既指投资者、融资者之间投融资渠道的流畅，如通过移动终端帮助双方发现并通过数据分析识别潜在交易对手，还指资金配置快速完成。目前我国国有企业占 GDP 比重不到 30%，但却占用 3/4 的债务资源，出现金融资源严重错配，导致实体经济的产能过剩与高杠杆，而中小企业则缺乏有效的、相匹配的金融资源配置。互联网金融在此方面具有的优势替代了银行和投资银行以前耗时耗力的人工调查，大大提高了甄别效率。

纯网络银行、网络小贷一方面增加了市场上金融机构的数量，从而增加了金融供给，借款人可以有更多融资渠道和选择，同时，贷款申请在线进行，也极大提高

了贷款的效率，这对于那些融资频率高、单笔融资金额小的小微企业尤其重要。互联网供应链金融是与实体经济最为贴合的一种模式，与实业紧密联系，依此开展金融，大大提高了经营效率，为企业间接创造了价值。

P2P、众筹从本质上更是一种投融资的渠道和平台，它将投资者、融资者联系起来，是不同于传统证券市场上股票发行、债券发行的直接融资方式，而直接融资与间接融资不同的一个地方就是双方不必支付给银行之前赚取的利息差。如此一来，P2P、众筹的双方，投资者提高了收益率，融资者降低了融资成本。不可回避的是，投资者的风险实际上会有所增加。但如果信息和大数据分析可以为每个人提供充分的信息来帮助决策，未来就会发生很大变化，间接融资比例会越来越小，直接融资比例会越来越大。以众筹为例，基于众筹融资模式，有助于小微企业、初创企业、科技型企业、文化创意企业开拓市场，获得资金来源，有助于实体经济的发展，更有利于以金融支持"大众创业 万众创新"。众筹模式起到融通资金和资产配置的作用，借助于技术实现金融民主化。首先，众筹模式提高了企业或项目资本获得可能性。众筹模式将社交网站与企业融资融合在一起，是一国资本市场融资的替代，提高了信息从企业到潜在投资者的到达速率。对于初创企业和处于早期发展阶段的企业，其获取投资的方式在发达国家传统上包括天使融资和风险资本，在发展中国家则主要靠朋友或家族融资，但众筹融资为其提供了在社交网络发布融资需求从而吸引大量投资者的跨越优势。此外，众筹模式包括了多种子模式可以供企业选择，譬如，全球经济都在一个去杠杆的通道中，如果企业过分依赖债务筹资，容易导致过高的杠杆风险，影响实体经济稳健增长，股权众筹则能够较好地规避杠杆风险问题。其次，众筹模式丰富了个人和机构投资者的投资渠道。个人投资者和机构投资者通过众筹平台，可以发现大量潜在在线投资，并快速决定募资公司是否适合其资产组合战略、风险偏好或其他标准。与微型金融更具有"本地化"的特征相比较，众筹融资颠覆了传统渠道，网络并不受限于地理范围，它更是一种"边界减少方式"融资（boundary-less Approach）。众筹模式还扩大了天使投资的地理范围，借助于天使投资和风险投资的进入，股权众筹原始投资者得以多渠道退出，提高了其投资的流动性和灵活性。最后，众筹模式还可进行产品市场前景测试。早期阶段的公司可以借助于众筹，以低成本低进入障碍的方式招募早期使用者来检验产品的市场活力。基于平台，对于商业概念、产品创新和目标市场的公开信息交流，极大限度地提高了市场效率。消费者和投资者的大量反馈有助于修正计划商业模型，以适应市场需求。进一步地，众筹模式还可进行产品市场测试和需求度量。如果市场测试良好，公司可以通过众筹获得所需资本；从投资者视角看，市场需求的存在可以降低其投资风险。

推动经济增长，有效配置资源，使民众分享经济增长带来的成果和财富效应，这正是我们所期待的理想金融体系。

第三节 金融消费者获取方式改变

互联网金融不仅是通过产品设计获取消费者，更为重要的是，在这一过程中，金融消费者行为由于两股力量的推动而发生变迁，形成消费者行为典范的转移（Paradigm Shift）：一是大量资讯和各种创新带来的"心理冲击"；二是社交网络带来的"扩散效应"（Diffusion Effect）。银行和客户之间的互动方式发生变化，管理资金的方式发生变化，客户较以往有更多主控权、更多元选择和更高效率。消费者的金融诉求发生改变，他们需要突破时间和空间限制的金融服务，其行为变迁可能有四个阶段。

2013年互联网金融产品的出现即是阶段一的实现，消费者在金融消费中拥有了更多选择和主控权。进而，移动互联网的竞争不仅仅停留在终端和系统层面，应用层入口及内容层的"超级App"成为众多企业竞争重点。在金融领域中，则是阶段二的情形，消费者随时（Anytime）、随地（Anywhere）有移动金融诉求，这也是正在进行的阶段，智能手机、移动设备的使用催生了移动银行的应用，并进一步延伸到平板电脑与更多可上网和使用App的设备上。在阶段三，无卡无现金成为可能。实际上肯尼亚的M-Pesa正是移动货币（Mobile Cash）的典范，M-Pesa由英国国际发展部捐款成立，最初的主旨在于促进微型金融（Microfinance）信贷还款便利性。但其出现填补了肯尼亚金融体系内长期以来的系统性缺口，把手机变为银行账户，扭转了金融排斥，推动金融包容性（Fiancial Inclusion）实现。

正是由于金融消费者行为的变迁，银行已经感受到两大威胁：一是消费者购买金融产品的地方和方式在改变，而且改变的速度呈现加快趋势；二是跨界从事金融业务的非金融机构蓬勃发展。银行业固然有自己的公信力、合规、风控等相对优势，但变革势在必行，最重要的原因在于随着时间和外部环境的变迁，金融机构形式可能会有多种，但客户需要的却是金融功能（Function），因此，金融功能较之于金融机构更加稳定。

金融机构对金融功能的提供不能再按照事业部制来进行，而应将客户放在中心位置，通过梳理金融产品与服务在消费者生活中、生产中所处的位置，来构建嵌入金融消费者生活场景的金融场景成为关键切入点，以此全面融入消费者的生活。以2014年初腾讯的"抢红包"为例，实际上是绑定了信用卡账户，在这一点上，互联网金融的确是把握了用户的需求。基于此，功能与服务成为新的竞争关键。

第四节 银行体系外的信用创造

一、国内外相关研究

电子货币（e-money）的发展将影响货币政策的有效性，通过限制法定存款准备金的需求，使得央行改变其货币操作目标及更为紧密联系的货币和财政政策协作。货币流通速度先随着经济货币化程度的提高而降低，然后会随着金融创新和经济稳定化程度的提高而上升。从许多国家的实际数据看，货币流通速度变化较大的年份往往也是金融创新活跃的年份，因此可以断定金融创新必然会对货币流通速度产生影响。

网络支付由于减少了现金交易，从而提高了货币流转速度。电子货币降低了商业银行超额准备金率，现金漏损率下降。电子货币的发展不仅对预防性现金需求产生替代，还会加速不同层次货币之间的转化，降低转化成本。人们基于网络银行数字现金的出现，认为数字现金对纸币通货的逐渐挤占加快了货币流通速度，而且减少了在一定时期内流通中所需的货币量。现有的互联网金融体系通过拉长信用链条和多次证券化实现倍数化信用创造，给货币政策调控带来新挑战，狭义货币供应量无法体现互联网金融产生的广义信用，央行需要重新审视货币政策中介目标、调控手段可能更依赖利率调控。

二、现金需求减少

中国从20世纪90年代中期开始正式每季度公布货币供应量的统计监测指标。依据国际货币基金组织（IMF）的要求，我国的货币供应量划分为三个层次：M0、M1、M2，其中M0指流通中的现金，尤其指银行体系以外流通的现金，M1指狭义的货币供应量，即M1=M0+企事业单位活期存款，M2指广义的货币供应量，即M2=M1+企事业单位定期存款+居民储蓄存款，其中居民储蓄存款包括个人存款和其他存款，其他存款当中又包含证券公司客户保证金。一般意义上我们谈论的货币供应量就是 M2。

三、信用创造与影子银行

传统货币理论中，只有商业银行才具有信用创造功能。但美国次贷问题引发全球金融危机以来，金融稳定再次受到各国关注并提上重要议事日程。实际上，影子银行起源于20世纪70年代美国传统银行对利率市场化的期望。对于影子银行的理解，关键是看其本质，即是否成为信用中介，是否行使了商业银行信用供给的功能并在经济中进行了资金配置。影子银行实际上是美国、欧洲的金融创新与金融监管之间的博弈。

不同国家金融市场发展、金融创新和金融监管的程度不同，因此影子银行的范畴也存在国家间差异，具有各自不同的机构和活动。美国的影子银行体系涵盖了货币市场共同基金、资产证券化和回购等。美国的影子银行划分为三类，包括政府支持型、内部型以及外部型影子银行体系。政府支持型指美国联邦住房贷款银行系统、房利美、房地美；内部型与银行同属一家金融控股公司，可以间接使用银行资金支持信用中介活动；外部型完全独立于商业银行的非银行信用中介。欧洲的影子银行虽然规模比美国小，但在欧元区某些国家仍然突出，涵盖了资产证券化中的 FVC、货币市场共同基金、回购市场和对冲基金。

我国的金融发展程度、层次、经济环境、政策背景及监管体系不同于美国和欧洲，高杠杆性、复杂的金融衍生创新并未在我国出现。中国式影子银行出现的原因主要在于我国金融改革尚未完成带来的金融抑制以及金融效率提升的需要。我国的部分学者在对国内互联网金融进行研究时，因其具有的信用创造功能，而将其视为影子银行的一部分。譬如，虽然我国利率市场化进程自2012年以来不断加速，但存款利率尚未放开，存款利率水平低于均衡利率，民间资金投资渠道缺乏与信贷配给同时并存，换言之，传统银行渠道并未满足投资与融资的需求。再譬如，市场准入、存贷比等金融管制的存在，使得实体经济的金融服务需求并不能从现有的正规金融体系获得满足，而影子银行恰恰补充了这一市场的空白，这也是互联网金融在我国蓬勃发展的契机和动因，从时间点上来看，具有高度吻合性。影子银行较之于商业银行更为灵活便捷的再融资能促进经济发展，特别是小微企业信贷融资困境，促进其发展，并共享其利润创造。同时，影子银行体系提高了资金配置的效率，为实体经济提供了必要的流动性缓冲，丰富了金融消费者的投资渠道，利于稳定经济并推动经济持续增长。当前影子银行更多的是金融机构发展、融资多元化进程的表现。银行理财、信托和财务公司等影子银行业务的存在，为金融消费者提供更多融资途径和多元投资工具，资金实现市场化配置。我国影子银行和互联网金融都是利率市场化进程中，经济主体"自主逐利行为"导致的经济现象。

自21世纪以后，银行信贷规模扩张减速，金融创新产品加速涌现，银行理财产品、信托产品、小贷公司、民间借贷等成为民间资金涌入渠道，并通过这些通道进入实体经济。从2002—2013年我国社会融资规模结构来看，银行贷款比重呈现出明显下降趋势，而委托贷款和信托贷款则有显著上升。其中，依赖于短期融资的长期投资，具有明显的期限错配特征，这在一定程度上加速了金融体系风险集聚。因此，从现实层面来看，很有必要将我国的影子银行纳入监管体系中。中国影子银行在最近几年快速发展，向公众销售理财产品的信托融资和由金融机构作为中介的委托贷款两种融资方式具有较大潜在风险，但中国的信托融资目前还不致形成"资产价格下跌—不断恶化的资产负债表—被迫抛售资产"的恶性循环。中国的影子银行也还不会导致系统性金融风险，但完善影子银行业务的监管已经成为一项紧迫的任务。

对于中国式影子银行的界定，学界、业界提出了很多看法。例如，国际货币基金组织将我国影子银行体系分为三类：第一，非正规金融部门，包括信用担保公司、典当行、小额贷款公司以及未纳入金融监管范围的地下金融；第二，私募基金；第三，理财产品。对于影子银行的界定，国办发107号文《关于加强影子银行业务若干问题的通知》中，首次将我国的影子银行分为三类：第一类是不持有金融牌照、完全无监管的信用中介机构，包括新型网络金融公司、第三方理财机构等；第二类是不持有金融牌照、存在监管不足的信用中介机构，包括融资性担保公司、小额贷款公司等；第三类是持有金融牌照、但存在监管不足或规避监管的业务的机构，包括货币市场基金、资产证券化、部分理财业务等。这是从官方口径第一次对影子银行类型进行界定。对影子银行进行准确界定，一是有利于整个监管体系架构的建立和职责的明确，有利于宏观审慎监管和微观审慎监管的实现，二是对于不同类型的影子银行，对其风险计量采用不同识别方法，施以不同监管方式。但这一界定与FSB的界定存在明显差异，107号文分类依据是按照机构的类型以及业务受监管的程度，而FSB则是从功能角度进行识别，以金融业务活动是否具备期限转换、流动性转换、高杠杆性特征作为衡量指标。社科院金融法律与金融监管研究基地发布的《中国金融监管报告2013》，将影子银行的范畴分为四个口径：最窄口径包括银行理财业务和信托公司两类；较窄口径在最窄口径基础上增加了财务公司、汽车金融公司、金融租赁公司、消费金融公司等非银行金融机构；较宽口径则是在较窄口径基础上增加了银行同业业务、委托贷款等出表业务、融资担保公司、小额贷款公司与典当行等非银行金融机构；最宽口径包括较宽口径与民间借贷。

第六章 数字金融产业的创新发展模式

第一节 网络小贷

与P2P、众筹、网络资产交易平台不同，网上小贷主要利用自身或第三方电商数据形成核心资源和能力，对小微企业和个人发放贷款。前者典型代表为蚂蚁金服（前身为阿里小贷）、京东京保贝和京东白条，主要服务于小微信贷和消费金融；后者典型代表为Kabbage。以蚂蚁微贷（蚂蚁小贷）为例，阿里巴巴的电商平台上已经有上百万的网店和数亿的消费者。蚂蚁金服就可以通过对网店和个人的销售与消费行为数据进行细致的分析，判断其信用并预批贷款额度。如果网店或个人有融资需求，可以直接激活蚂蚁金服发出的贷款邀请，从申请、批准到资金打到支付宝账户，通常不超过3分钟。蚂蚁微贷只是通过分析数据在网上提供贷款，并不与客户见面，既降低了成本又控制了风险，说明互联网是可以有效帮助金融决策的。Kabbage通过收集中小型企业Facebook中的客户互动数据、地理信息分享数据、物流数据，或是通过eBay、Amazon、Esty等平台转化数据，将大数据用于征信管理体系，整合这些信息后，再决定是否向用户提供贷款，其网站承诺的反应时间为7分钟之内借贷金额可到账，高审贷效率极大吸引了贷款申请客户，更加契合小微企业资金需求特点。国内的蚂蚁小贷基于大数据的风控能力以及创新技术触达客户的能力，实现3分钟申请，1秒钟到账，中间不需要任何人工的干预。美国Amazon（亚马逊）也开始利用其自有网站上所拥有的信息，评估在其网站上运营网商的财富水平，并对其提供类似贷款，利率水平介于1%～13%之间，同样是电商跨界进入金融领域的典型事例。

目前，我国的互联网金融融资主要有网络小贷、P2P贷款、众筹（CrowdFunding）和传统金融机构的融资平台，其业务模式、授信依据存在不同。

除了互联网企业的融资平台和传统银行业的线上融资平台以外，互联网企业与传统银行的合作渐进展开，特别是基于互联网企业的平台大数据、信用体系和传统银行的资金进行网商、电商的融资授信,这一发挥各自优势的合作显示出两者深度融合的趋势。例如,阿里巴巴与中国银行、招商银行、建设银行、平安银行、中国邮政储蓄银行、上海银行、兴业银行共 7 家银行宣布深度合作,为外贸中小企业启动基于网商信用的无抵押贷款计划,授信额度在 100 万元~1000 万元之间。在授信中充分显示了信息不对称的逐渐弥合,除了阿里自身拥有的客户数据以外,还结合调用其他数据,例如,外贸企业最近 6 个月的出口数据、海关物流数据等。从多角度、多渠道收集企业的行业发展前景、企业经营动态、商业经验、资信情况、订单执行状况、应收应付账款情况、上下游企业交易、关联企业情况及水表、电表、海关联网数据,对这些信息进行交叉验证提高了信息的可信度和有效性。互联网企业与传统银行的合作发挥双方优势,实现银行、客户和互联网企业的三方共赢。从银行角度来看,下沉其信贷服务的一个重要影响因素是风险防控,拥有交易数据的互联网企业可以成为合作平台与渠道,扩大了银行的优质客户群体;从客户角度来看,线下单据转化为线上数据,累积的数据成为企业信用的证明,信用作为授信基础,带来企业流动资金所需、固定投资所需;从互联网企业角度来看,通过更好地服务平台客户,能更有效地强化与客户的关系,共同成长。

第二节　P2P 与众筹

一、P2P

"人人贷"就是有资金并且有理财投资需求的个人,通过中介机构牵线搭桥,使用信用贷款的方式将资金贷给其他有借款需求的人。P2P 公司作为中介机构,负责对借款方的经济效益、经营管理水平、发展前景等情况进行详细的考察,并收取账户管理费和服务费等收入。

截至 2015 年 6 月底,中国 P2P 网贷正常运营平台数量上升至 2028 家,相对 2014 年年底增加了 28.76%,P2P 网贷行业的累计成交量已经超过了 6835 亿元。2015 年上半年网贷行业成交量以月均 10.08% 的速度增加,上半年累计成交量达到了 3006.19 亿元。截至 2015 年 12 月,国内成立的网贷平台达到 2697 家,相比去年年末新增 1124 家。同时,网贷平台历史累计成交量超过 9823 亿元,比 2014 年增长了 288.57%。

但自 2012 年以来，P2P 行业频繁出现违约现象，2012—2015 年，违约率不断上升，2015 年就有 896 家 P2P 平台违约，这是投资者、金融监管层面需要特别警醒的事件。

二、众筹

互联网金融模式中，众筹融资（Crowdfunding）不像传统公司那样通过证券公司辅导上市来向公众筹资，而是通过募资企业在互联网上发布创意，以商品、服务或股权、债权等形式作为回报，在线募集项目资金。互联网众筹以 21 世纪美国艺术众筹网站 ArtistShare 的成立为标志，此后爆发式发展。特别是 21 世纪初金融危机之后，天使投资大幅缩减，众筹对于那些需要起步资本的企业而言至关重要。而且，美国企业整个 IPO 的平均费用为 250 万美元，IPO 之后的年平均维持费用为 150 万美元。高额的融资成本导致初创企业和资本市场对接严重受阻，引发了小企业存活率低、社会创新力下降、经济增长缺少持续性等一系列问题，JOBS 法案（《初创企业推动法案》）即在此背景下颁布。因此，近年来众筹融资不仅在发达国家获得快速发展，在发展中国家也颇具发展潜力。

对于我国而言，在互联网金融快速发展以及"大众创业万众创新"的背景下，众筹的发展能聚众人之资、众人之智，亦可缓解小微企业融资之难，为创业者提供门槛较低的融资渠道，这是对风险投资、私募股权投资等的补充；二可提高直接融资占比，引导资源合理配置；三可拓宽民间资本投资渠道，我国社会公众财富近年来持续增长，自 2011 年至 2014 年，居民可投资资产从 68.8 万亿元攀升至 109.1 万亿元，其中存款及现金在 2014 年达到 60.7 万亿元。然而传统银行存款收益率快速下降，居民需求更多渠道、更高收益率的理财方式，互联网平台降低了投资成本，居民参与度较高，客观上为众筹融资提供了资金供给可能。

（一）众筹融资的起源及概念界定

众筹并非新鲜事物，早在 18 世纪初，英国诗人亚历山大·蒲柏即通过众筹完成了《伊利亚特》的翻译，并在完成后向每位订阅者提供一本译本作为回报。早期的这种众筹模式需要发起者具有较高声誉和较强信息传播途径，我们将其称为传统众筹，其活动具有赞助和预付费的性质，并主要集中在文学、艺术等创意领域。现代众筹的灵感则来自微型金融以及众包。将微型金融界定为提供金融产品和服务的新型金融形式，包括储蓄、贷款、支付服务和现金转账、保险等，其服务面向中低收入阶层及小微企业；众包的目的是有效利用一个新项目潜在参与者的知识、智慧、技能，构建一个庞大的资金池。但由于众筹融资采用不同的通道、过程和目标，因而不同于微型金融和众包。微型金融与微型贷款的资金来源于金融机构,而众筹的资金则借由社会网络获得社会资本,资金需求额度的不同可以通过不同的众筹融资模式满足。

近年来众筹主要通过互联网渠道进行募资,因此,Schwienbacher 和 Larralde 将众筹界定为"一个开放的、基本通过网络的,以捐赠或获得某种形式回报/投票权力的金融资源提供,通常以支持特定目的而发起"。

(二)众筹融资模式及其特点、优缺点分析

目前全球众筹模式主要分为两大类:捐赠型和投资型众筹。其商业模式又可以细化为基于捐赠和回报的众筹融资模式,基于股权、债权和特许权的众筹融资模式,典型代表包括 Kickstater、Angellist、Crowdcube、点名时间、天使汇、京东众筹等。

(三)我国众筹的发展现状

我国互联网众筹始于 2011 年,随后进入爆发期,到 2015 年 7 月,我国众筹平台发展到 224 家,融资额度达 13.8 亿元。其中股权众筹平台 107 家,占比 48%,奖励众筹 66 家,占比 29%,混合众筹 47 家,占比 21%,捐赠众筹 4 家,占比 2%。其中,奖励众筹的典型平台有点名时间、追梦网、众筹网、淘宝众筹、京东众筹与乐童音乐。这些平台虽然同为奖励式众筹平台,但在打款次数、保障程度、费用收取等方面存在不同,从而使得平台发展各异。淘宝众筹、京东众筹与众筹网是经营多种互联网众筹的平台,这一类平台由于经营众筹种类多,因此众筹金额与众筹数目普遍较大;追梦网为经营多种奖励式众筹的平台,这类平台用户量大,融资能力较强;经营单种奖励式众筹的平台,如点名时间与乐童音乐等,由于其深耕单个领域,但侧重领域不同,一个侧重科技、一个侧重音乐,满足了特定类别用户的需求。

从经营多种众筹种类的平台来看,就项目个数而言,众筹网众筹项目个数最多,淘宝众筹次之,京东众筹最少。但从基于商品的众筹已募集金额而言,2015 年上半年,京东众筹最多,达到 4.5 亿元,淘宝众筹次之,达到 2.39 亿元,众筹网最低。京东和淘宝依托电商平台和巨大的流量,拥有大多数大金额和高人气项目,从而促进了其众筹平台迅速发展;另一方面,一些热门项目在实际众筹过程中也受到强烈关注,例如"WiFi 万能钥匙"项目,拟融资 6500 万元,意向认购资金高达 77 亿元,创造了国内股权众筹意向认购纪录。由此可见,好的标的是众筹平台成功的保证。

(四)众筹融资对于经济的有益之处

Gompers and Lerner、Sahlman and Gorman、Kortum and Lerner 指出新企业想要成功必须要获取资源,而其中最为艰难的就是融资。中国银行体系存在"所有制歧视"

与"规模歧视",小微企业,尤其是初创企业,其融资困境体现在从正规金融机构无法获得融资,或融资金额不能满足需求,或融资成本偏高,从而导致了金融排斥的存在。从规模来看,初创企业多数属于小微企业,由于初创企业商业失败的可能性较高,所以伴随较高投资风险,其资金多来自天使投资、风险投资(Venture Capital)、朋友或家族融资。前两者在发达国家是初创企业融资的重要途径,而对于我国而言,初创企业的初始资本多来自朋友或家族融资。众筹融资是私人资本市场的最新的资产类别,由于其为初创公司和小企业提供大额资本,恰恰有效衔接了从朋友/家族融资到天使投资/风险投资之间的空白区域。私募股权/风险投资(PE/VC)市场逐渐成熟推动了众筹作为项目孵化器快速发展。众筹融资模式的存在,丰富了资本市场层次,有力推动了实体经济的融资需求满足。

众筹融资有效衔接了企业不同成长阶段之间的融资模式。企业在不同的成长阶段,其融资来源不同,由此将企业金融成长周期分为初期、成熟期和衰退期,Weston 与 Brigham 又进一步将企业金融成长周期分为创立、成长阶段Ⅰ、成长阶段Ⅱ、成长阶段Ⅲ、成熟期和衰退期。Berger 与 Udell 将企业规模、资金需求和信息约束等纳入考虑,认为在初创期企业主要依赖内源融资,企业从成长期到成熟期的发展中,外源融资比重得以上升,债权、股权等直接融资比重上升。在实践中,众筹融资模式的存在,填补了不同融资模式之间的空白领域。

此外,众筹模式包括了多种子模式可以供募资企业选择。例如,在创意阶段,捐赠式或回报式众筹更为适合,在融资规模扩大时,还可以选择投资式众筹。进一步讲,全球经济都处在一个去杠杆的通道中,如果企业过分依赖债务筹资,容易导致过高的杠杆风险,影响实体经济稳健增长,股权众筹则能够较好地规避杠杆风险问题。从中,我们可以观察到众筹模式为募资企业提供的选择灵活性。

众筹融资扩大了投资地理范围,不像微型金融一样受限于"本地化",众筹更是一种"较少束缚"的融资方式(boundary-less Approach)。借助于天使投资和风险投资的进入,即目前国内"股权众筹+PE/VC"的方式,完善了"生态链条",股权众筹原始投资者得以多渠道退出,提高了其投资流动性和灵活性。同时,此种方式下的众筹成为 PE/VC 市场的项目孵化器,起到了补充作用,更利于募资企业融资模式的平稳转换和更高额度募资的实现。以积木旅行为例,2014 年其在"天使客"发起融资计划,出让 25% 股权融资 350 万元。2015 年 10 月,积木旅行获得来自美国风投机构的 A 轮融资,41 名投资人获得 5 倍投资回报后全部退出,成为国内首个股权众筹退出案例。

众筹模式除了其在融资上提供的"两个连接",还可进行产品市场前景测试。早期阶段的公司借助于众筹,以低成本低进入障碍的方式招募早期使用者来检验产品的市场活力。平台对于商业概念、产品创新和目标市场的公开信息交流,极大限度地提高了市场效率。消费者和投资者的大量反馈有助于修正计划商业模型,以适应市场需求。例如,专门研发生产咖啡和过滤系统的公司 Kone,原计划在 90 天内融资 5000 美元,鉴于其运作良好,实际通过 Kickstarter 筹集了 15.5 万美元,同时还获得关于产品改进的反馈与建议。进一步讲,众筹模式还可进行产品市场测试和需求度量。如果市场测试良好,公司就可以通过众筹获得所需资本,并对企业存续经营建立更强信心;从投资者视角看,市场需求的存在可以降低其投资风险。这实际上起到了项目或公司筛选的功能。

第三节 互联网供应链金融

一、供应链金融市场前景巨大

供应链金融(Supply Chain Finance)是指银行对于供应链上所有企业成员开展系统性融资的业务安排。供应链金融由银行与供应链中的核心企业达成,银行可向核心企业提供包括融资、结算、公司理财等金融服务,同时向核心企业的上游供应商提供贷款便利(由于其应收账款增加而产生的融资需求),向核心企业的下游分销商提供预付款代付和存货融资服务。21 世纪深圳发展银行率先开展了这一业务。由于供应链金融基于"上游供应商—核心企业—下游分销商"的真实交易背景展开,在 21 世纪初金融危机后的信贷紧缩周期中,呈现出逆势而上态势。

供应链金融将产业与金融融合,不仅为产业提供新型金融服务、新的融资渠道,还对产业链条进行了整合和重塑。供应链金融细分业务模式包括了存货融资、预付款融资和应收账款融资。

二、互联网供应链金融的发展

互联网平台的兴起掀起供应链金融的浪潮,互联网所积累的数据和信息使得供应链金融发展出现新的模式。

（一）商业银行供应链金融的互联网迁移

以商业银行为代表的银行系供应链金融将业务延伸至互联网平台，如广发银行、平安银行（基于之前收购的深圳发展银行的供应链金融业务额基础上）。但由于其他互联网供应链金融模式的存在，银行不再是供应链金融产品与服务提供的绝对主体，更多的市场主体参与产品与服务的提供，利用其自身的信息优势、交易资源优势以及客户资源优势，纷纷转型成为供应链金融产品与服务提供主体。

（二）互联网公司开展的供应链金融

互联网公司开展的供应链金融以互联网公司为代表，基于大数据、征信开展信贷业务，资金或来自银行，或是企业自有资金，或是依托P2P吸收的社会闲散资金，可进一步细分为电商平台和P2P公司两种子模式。

第一，电商平台模式。以企业交易过程为核心，采用"N+1+N"模式，一个平台对应多个供应商、对应多个商户或个人的模式。电商基于在商品流、信息流方面的优势，帮助供应商解决资金融通问题，承担担保角色或通过自有资金借贷。

电商平台模式的优点有两个：一是简化流程，提高效率，供应链开展变得更快捷、更流畅；二是电商平台拥有产业链上下游的交易、物流、现金流等数据，可以缓解信息不对称问题，而这个问题是传统金融行业对个人和小企业贷款时常常面临的问题。依靠庞大的上下游客户资源，电商平台形成客户海量交易信息，通过不断积累和发掘交易行为数据，分析、归纳借款人的经营与信用特征，判断其偿债能力。交易行为数据比企业财务报表更直接、更真实，同时也大幅降低客户筛选成本，而传统商业银行手中只有客户的支付结算数据，在公司信贷业务上需要另建专门的信用评价系统，在客户信息数据的获取和评价方面，与电商平台相比还是有差异的。基于电商平台累积的大数据，成为其具有的核心竞争优势。近几年，阿里巴巴、苏宁云商、京东商城都选择进入供应链金融领域，凭借其在商品流、信息流方面的优势，帮助供应商解决资金融通问题。其资金来源，一种是以银行为主，电商平台扮演担保角色；另一种是自有资金放贷，但更多的是两者兼而有之。

电商平台模式的缺点在于资金和风控两个方面。首先，电商平台在资金上不像银行那么有优势，毕竟银行可以向公众吸收存款。其次，电商平台还需要补充信用风险控制方面的人才储备，并积累风控经验。如果电商平台和银行进行合作，则能够使供应链金融业务开展得更加顺利、便捷、有效和真实，形成双赢模式，但合作并不容易。现实发展是为了让金融产品更加灵活、收益更大，阿里巴巴、苏宁云商和京东商城通过获得小额贷款公司牌照，使用自有资金运作融资业务。这种"小贷公司+平台"的全新模式,将小贷公司的牌照优势与电子商务企业的渠道、信息优势充分结合,有效降低了客户搜索成本以及信用风险,也摆脱了与银行合作带来的束缚。前文中我们提到的阿里小贷即属于此种类型。阿里巴巴经历了同工行、建行合作推出"易融通""e贷通"等贷款产品,到开始独立开展业务的过程,随后进行了多次资产证券化,以通过该种创新提高资金流动性,扩大自身贷款提供能力。

第二,P2P平台模式。P2P平台在转型过程中,通过"供应链金融+P2P"的方式成为其突破方式之一。或是围绕一个或多个核心企业开展供应链上下游中小企业的短期应收账款;或是与保理公司合作,进行债权转让,以此进行风险控制。综合目前P2P的业务模式和项目来源来看,相比信用借款、抵押担保等模式,供应链模式以其真实的贸易背景、透明的资金流向和更有实力的核心付款企业等优势,已经成为P2P投资者最青睐的模式。从投资人的投资风险角度来说,供应链金融在逾期和坏账风险上也有着风险系数最低的明显优势。

但是网贷平台自身存在着一定的风险。首先,法律法规不健全使得网贷平台的合法性以及合规情况难以得到确认;其次,信息不对称及统一信用评级体系的缺乏容易诱发信用风险;再者,网贷平台挪用中间账户资金容易引发操作风险。

(三)核心企业、物流企业、信息提供企业等开展的供应链金融

以核心企业为代表,如安源煤业、金叶珠宝等,结合保理、小贷业务在自身所处供应链中开展类信贷业务;以供应链服务提供商为代表,如怡亚通,借助第三方物流信息优势开展保税仓、仓单融资等业;以信息咨询公司和信息服务提供商为代表,转型至供应链金融服务,如上海钢联、汉得信息。

三、互联网供应链金融特点与趋势

互联网+供应链金融的优势体现在网络化、精准化、数据化三个方面。网络化使得交易信息传递更为高效,从而实现在线互联;精准化提高了对于质押物的风险控制能力;数据化对贸易、物流中的各类行为主体进行全方位记录,实现产融结合。

互联网供应链金融以在线互联、风险控制、产融结合为形式,基于大数据、云平台、移动互联网等手段,对于供应链金融的改变体现在以下方面:

首先,在供应链金融的链条架构上,模式由"1+1+N"变为"N+1+N"。"1+1+N"的架构模式中"1"代表银行及核心企业,"N"指上下游多个企业。银行主要是对核心企业进行授信。"互联网+"核心企业既可以利用自身资金,也可以通过外部融资补充资金,使得链条构架变为"N+1+N",而且更加凸显核心企业的作用。

其次，提供供应链金融产品和服务的方式从线下向线上迁徙。线上供应链金融的提供方式可以有效地降低交易和融资的成本，提高融资以及整个供应链交易的效率。

最后，互联网和大数据使得供应链金融覆盖众多小企业成为可能。原来的供应链金融只是针对核心企业，并通过核心企业为该核心企业的上下游企业提供金融产品或者服务。但是"互联网+"下的供应链金融能够很好地将以前供应链金融无法覆盖的企业涵盖进来，并能够很好地利用"长尾效应"，供应链金融产品和服务对象也更加多样化。

例如：京东供应链金融模式分析。京东上线的"京保贝"供应链金融产品面向京东平台上的供应商，它们可凭采购、销售等数据快速获得融资，无须任何担保、抵押，随借随贷，从申请到放款的全过程3分钟即可完成。由于门槛低、效率高、客户体验好，"京保贝"上线一个月即完成超过10亿规模的放贷。

京东曾采用与银行合作的模式向其供应商提供供应链融资服务，主要以信用及应收账款为抵押，银行贷款给供应商。目前的"京保贝"的特点在于三个方面：一是整个流程在线进行，基于数据处理进行全自动审批和风险控制，审核效率大大提高；二是所有贷款资金为京东自有资金，没有联合银行进行；三是贷款额度基于京东与供应商长期贸易往来以及物流活动产生的大数据计算结果。供应商可以在额度范围内进行融资，成本大约为9%，最长期限90天。在客户没有自动还款时，京东会用供应商的结算进行还款。换言之，资金流转形成闭环，京东可借此降低供应商的信用风险。基于供应链的金融业务已成为京东增长最快的业务线之一。

第四节 第三方支付和互联网征信

一、第三方支付

实现支付清算功能的为第三方支付，它是买卖双方在缺乏信用保障或法律支持的情况下，资金支付的"中间平台"，其运作实质是在收付款人之间设立中间过渡账户，使汇转款项实现可控性停顿，只有双方意见达成一致才能决定资金去向。当前，第三方支付已经发展为用户将一定量的资金存放在第三方支付处，需要支付时，通过网络指令实施支付的支付方式，其已经成为银行支付业务的重要竞争者。到2015年第3季度国内第三方支付交易规模已达到9万亿元，国内持牌机构约250家，分为手机支付和互联网支付两大类。

手机支付,也称移动支付(Mobile Payment)方式,是允许用户使用其移动终端(通常是手机)对所消费的商品或服务进行账务支付的一种服务方式,包括了远程支付、近场支付 NFC(近距离无线通信技术)和通信账户支付。远程支付以支付宝、PayPal 为代表,通过发送支付指令或借助支付工具进行,支付功能的实现往往需要连接到客户的银行账户,从而以其支付清算功能获取客户。其以软件为主的解决方案,即将银行卡与支付账户进行绑定,通过 App 调用账户终端读取其展示形态进行支付,便利性好,二维码是这一模式的典型。近场支付如苹果支付、visa paywave、万事达 paypass、docomo 等,基于 HCE+TOKEN 的(基于主机的卡模拟+标记)云支付,在具备 NFC 硬件通信能力的手机上通过软件应用或连接云端服务器完成硬件搜索引擎的功能,对安全性和便利性进行了综合平衡,推出不久的银联云闪付属于此类。通信账户支付,如 ZONG、boku、payone,是以硬件为主的解决方案,通过 TSM 存储平台将支付信息置入手机上的 SE 模块,实现模拟芯片银行卡的支付,安全性极高,NFC 全手机支付、移动运营商的 NFCSIM(近场通信客户识别模块)手机支付都是这种模式。类 Square 包括 Square、iZettle、PRIZM、盒子支付、拉卡拉等支付平台。

互联网支付在 2015 年支付交易规模增速放缓,同比增长 46.9%,较往年有所下降,主要原因在于用户支付行为向移动端迁移,各互联网机构也在移动端展开竞争。

在我国,以支付宝为代表的第三方支付迅速发展壮大,在 2014 年的网络支付市场中,支付宝拥有 88.2% 的品牌渗透率,处于绝对领先地位。截至 2014 年 3 月底,支付宝的总支付金额达到 6230 亿美元,约合 38720 亿元人民币,日均支付量已超过百亿元,日交易笔数超过 8000 万笔,拥有近 3 亿实名用户。2014 年 3 月以来,支付宝每天的移动支付笔数超过 2500 万笔。随着移动通信的发展,支付宝与移动终端(手机)结合的模式被广泛接受。但我们也发现,第三方支付市场结构变化较快。2015 年第 3 季度第三方支付平台中,支付宝占比 61.9%,虽仍占据大部分支付市场,但其他平台在市场份额上获取加快。财付通市场份额仅次于支付宝,排在第二位,占比 14.5%,微信支付、QQ 钱包两种新支付入口的快速发展使其市场占比进一步扩大。受支付宝和财付通的冲击,银联在线的市场份额继续减少,占比 9.2%,排在第三位。

2016 年,支付宝又启动了与深圳市人力资源和社会保障局共同合作的医保移动支付项目,正式在深圳 8 家公立医院率先试点。双方基于合作推出的"医疗保险"网络支付标准,在国内首度确立了可规模性接入医院且具备可复制性的方案,奠定了互联网+社保业务的深圳模式,通过支付宝的实名、风控、支付等核心能力,构建医保移动支付安全通道。医保移动支付的破冰,标志支付宝"未来医院"计划正式进入第二阶段。目前全国已有近600家医院加入支付宝"未来医院",覆盖全国90%的省份,已有超过5000万用户通过支付宝体验了挂号、缴费以及查报告、支付等全流程移动服务。2016年5月,支付宝下的花呗联手上海复旦大学附属华山医院推出针对个人消费者的医疗分期付费,最高可获得的额度为5万元。2016年2月,支付宝联合广州妇女儿童医疗中心以及芝麻信用,正式上线"先诊疗后付费"服务,在芝麻信用上分数达到或超过650分的患者,不带钱也可以在该院享受挂号、诊疗、检查检验、拿药等全程服务,回家之后再付费。第三方支付与征信、消费信贷实现了连接。

以支付宝和财付通为首的拥有互联网巨头背景的第三方支付公司,无论从交易规模、创新支付模式,还是支付场景和基于支付数据的增值服务等方面,都给支付市场带来一次重大金融革新。

二、互联网保险

(一) 互联网保险在全球的发展

保险业协会将互联网保险界定为保险企业或保险中介机构通过互联网为客户提供产品和服务信息,实现网上投保、承保、核保、保全和理赔等保险业务,完成保险产品的在线销售及服务,并通过第三方机构实现保险相关费用的电子支付等经营管理活动。

目前适合互联网渠道销售的保险产品包括短期简单理财型产品、短期健康险、意外险,简单、标准化定期寿险、车险,不适合销售的如长期分红险、长期寿险、健康险、农险、企业财产险等复杂财险。

进一步地,基于互联网价格比较平台可以有效降低保险消费者的信息搜寻成本,从而降低保险价格并提高保险市场竞争性。互联网不但可以降低保险的交易成本,还可以降低市场进入门槛,从而增加保险市场供给,并通过让客户"买得起"而提高客户的购买能力。

近年来,国外互联网保险不断创新。一是放弃中介模式的互联网保险直销模式的兴起。例如,Geico公司通过自有网站直销,是美国第四大汽车保险公司,也是美国最大的直销保险公司,它放弃了中介模式,采用网上直销模式,清楚列明各种类型、对应价格的保险产品,方便潜在客户在线查询价格,同时Geico还根据客户的背景、忠诚度等信息对其进行差别定价,车险在线报案和理赔,通过对案件进行分类,允许就近选择汽车修理地点、索赔记录等。App方便客户查询最近的拖车、续期缴纳时间、金额的提醒等。二是P2P风险计划的出现。通过社交媒体创建团体，消费者可以通过这些团体彼此承保风险或与保险公司协商更好的保险条款。典型例子如德国的"朋友保险"、英国jFloat计划、美国Peercover计划等。以德国的"朋友保险"为例，它将寻求愿意分担标准保单免赔额以下的潜在损失的个人联系在一起，与保险公司合作，为超过该金额的损失提供常规保障。与团险不同的是，保单持有人与保险公司分别签订合同，如果网络内相关个体理赔额较小，则保单持有人会以传统保单保费回扣（至多一半）形式获得相关金额。三是保险逆向拍卖平台。保险公司或分销渠道提供保险产品在线竞价，消费者选择承保人，例如iXchange的基于网络的财产险和意外险逆向拍卖平台。四是移动保险的使用。它通过远程信息处理技术进行创新，如美国保险公司Progressive Insurance Company的UBI保险，根据汽车里程确定保费。针对单次保费低但缴费频次高的产品，借由手机或网络或短信确认方式进行承保，降低了成本。亚洲、非洲、拉丁美洲的小额保险公司已提供意外险、寿险等一系列移动保险服务。

（二）我国互联网保险的发展

根据中国保监会的统计数据测算，截至2015年底，全国保险密度（以人口计算的人均保费收入，反映一国保险普及程度和保险业发展水平）为人均1766.49元，约合271.77美元，而全球人均保费支出为662美元，发达市场人均保费支出为3666美元。我国还不到全球平均水平的1/3，较之于发达市场差距很大。从保险深度（保费收入占GDP比重，反映保险业在整个国民经济中的地位）来看，2015年底为3.59%，全球平均保险深度为6.2%，而2014年这一数据英国为10.6%、日本为10.8%、美国为7.3%、法国为9.1%，也存在较大差距。2014年国务院印发《关于加快发展现代保险服务业的若干意见》，指出要继续提高保险深度和密度，发挥其社会"稳定器"和经济"助推器"作用。提高用户购买欲望可以借由网络渠道、产品创新、服务提升和模式转变来进行。从渠道来看，即把互联网作为销售和理赔等渠道；从产品来看，包括开发专门用于互联网销售的产品，开发为互联网业务服务的保险产品和嵌入互联网技术的保险产品；从服务来看，如建立保险产品网上超市、比价平台和协助投保人索赔产品；从模式来看，即通过互联网建立业务新模式，如互联网互助组织活动等。

目前国内网络购物的渗透使得互联网保险渐为大众接受，用户保险意识也不断提升，加之网络渠道的便捷性，用户对于通过互联网渠道购买保险接受度更高，同时，互联网保险产品单价低、新奇、嵌入使用场景的销售也推高了保险网络渠道的贡献度。

目前通过互联网销售保险的模式有三种：一是自建官网网上直销（共有17家公司）；二是专业保险销售网络网上销售保险；三是第三方平台网上代销（共有16家公司）。目前有61%的保险公司（共52家公司）既有自建平台，又与第三方平台进行合作，采取了双管齐下的做法。

三、互联网征信

（一）我国征信体系的发展历程

我国征信体系在发展历程上，经历了从封闭到开放、从小众到大众、从政府主导到渐进市场化的历程。

我国征信体系建立之初，是由中国人民银行集中管理，以收录信贷信息为主的封闭、小众的征信系统。20世纪70年代上海开展企业信贷资信评级，20世纪末，成立第一家信用评级公司——上海远东资信评级有限公司，开展个人和企业征信；20世纪末，银行信贷登记咨询系统上线运行，21世纪初，该系统建成总行、省、地市三级数据库，实现全国联网查询，在企业征信领域发挥了重要作用。

2003年，建立征信管理局，2004年全国个人信用信息基础数据库建立；2005年，银行信贷登记咨询系统升级为全国企业信用信息基础数据库；2006年，企业和个人征信系统在全国联网运行，全国金融机构信贷征信系统建立，这也是现有征信系统的原始基础。但由于外部数据介入不被允许，从而其市场需求无法被满足。从个人征信系统接入机构情况来看，2014年底，央行征信中心企业征信系统接入1724家机构，个人征信系统接入1811家机构数据，但83%的个人征信数据为传统金融数据，包括信贷和信用账户数据，来自公积金缴存、社保、电信、税务和其他辅助个人信用信息的仅占17%。

国务院颁布《征信业管理条例》，初步构成社会信用体系的法律基础。国务院发布《社会信用体系建设规划纲要》，作为对我国征信行业发展的方向指导。征信的作用在于防范信用风险，降低信息不对称而带来的交易风险；扩大信用交易，促进基于商业和金融信用产品的创新和使用，扩大交易范围；降低信息收集和处理成本，提高经济运行效率；推动社会信用体系建设。在互联网征信发展之后，数据资源和发掘技术助力网上支付企业建立征信机制。对个人而言，网络支付行为与个人信用评价的关系最为密切。随着网络支付平台业务架构的不断完善、用户数据的海量存储，以及数据挖掘技术的逐渐成熟，网上支付企业具备了个人征信业务的基本资料。借由网上征信，或将改变传统征信模式，利用互联网征信降低数据采集成本，通过互联网信息数据判断、覆盖过去没有信用记录的人，完善我国征信体系。2014年，央行征信中心电话咨询问题类型中，个人信用报告查询咨询量最高，占35.46%，其次是互联网个人信用信息服务平台查询咨询量，占26.15%。

基于中国人民银行金融信用信息基础数据库，国内征信体系纳入下列三种形式，一是以阿里巴巴为代表的拥有大数据的电商，通过数据分析和运用，形成闭环信用生态圈；二是以国政通和大公互联网金融信用信息平台为代表的源于第三方的互联网大数据，通过模型分析和信用评分，提供给第三方信用产品；三是以中国人民银行征信中心旗下上海资信为代表的"网络金融征信系统"（NFCS），用于收集P2P网贷业务中产生的贷款和偿还等信用交易信息，并向P2P机构提供查询服务，防范借款人恶意欺诈、过度负债等信用风险。截至2014年7月，NFCS共接入203家P2P平台，其最终目标是打通线上线下、新型金融与传统金融的信息壁垒，实现网贷企业之间的信息共享，为中国人民银行个人征信系统提供补充。类似的还有北京安融惠众征信的"小额信贷行业信用信息共享服务平台"（MSP），定位于为P2P、小贷公司、担保公司提供行业信息共享服务。

相应地，2015年1月，中国人民银行发布《关于做好个人征信业务准备工作的通知》，要求芝麻信用管理有限公司、腾讯征信有限公司、深圳前海征信中心股份有限公司、鹏元征信有限公司、中诚信征信有限公司、中智诚征信有限公司、拉卡拉信用管理有限公司、北京华道征信有限公司等做好个人征信业务的准备。这意味着个人征信市场化的开闸，"金融应用＋商业场景"成为征信业发展的新助力。以拉卡拉为例，它拥有电子支付、互联网金融、社区电商三条业务线，建立了120多万家商户和8000万个人用户的平台和业务信息。2015年6月，芝麻信用分应用于租房、租车、签证申请等生活场景。从中我们可以发现，基于电商平台、网络银行、支付中介、评级公司等积累的个人征信数据将纳入央行征信体系，央行监管下的独立第三方征信机构作为市场主体的征信体系进入发展快车道，从而逐渐完备我国企业和个人征信数据。

2015年8月，国务院颁布《促进大数据发展行动纲要》，为征信数据共享和完善奠定政策基础，2015年12月，中国人民银行又发布了《征信机构监管指引》，加强了信息主体权益保护，建立风险控制防线并规范牌照流转。

世界银行《全球商业环境报告》中指出，由于企业和个人征信系统的建成，我国信用信息环境大大改善，信用信息指数在2006年由3提升到4，在2014年从4提升到5，我国获取信贷的便利程度在全球排名也获得大幅上升。信用信息指数每上升

1单位,将拉动国内生产总值增长0.9个百分点,生产率增长0.7个百分点。清华大学中国与世界经济研究中心研究表明,从2008年到2012年,征信系统年均改善了4103亿元人民币的消费贷款质量,征信系统带来的总消费增加年均约为2458亿元人民币,与没有征信系统相比,征信系统在2012年拉动了约0.33个百分点的GDP增长,占整个GDP增长的4.28%左右。由此,互联网征信的发展对于我国征信数据的完善以及相应的经济增长,将形成明显的正向效应。

(二)征信模式的变化

目前,世界范围内的征信模式分为三种基本类型:

一是中央银行主导的非营利性公共征信模式,欧洲大陆国家较多采用,典型代表是法国。这一模式形成的原因在于大政府体制,及考虑到信息安全问题,惩戒违法为其主要任务。其征信核心机构为法国央行,基本无市场化征信机构。央行主导模式的优点在于保证国家信息安全,但缺陷在于信息使用者仅局限为金融机构,只收集负面信息,征信评价不完整。

二是行业协会主导的非营利性同业征信模式,典型代表是日本。这一模式形成的原因在于行业协会对经济发展有巨大的影响力。其征信核心机构包括行业协会组织的非营利性三大机构和商业公司(如日本的咨询公司Crecon Researching、Consulting Co.)。行业协会主导模式的优点在于政府干预较小,但缺陷在于收集信息种类较少,不全面,同时行业间、机构间信息互通少,较为封闭。

三是以市场需求为导向的营利性征信体系,譬如美国,其征信体系由各个独立的征信公司组成。美国的征信体系,在层次上包括了监管层、运作层和数据层三个层面,由七大征信机构进行分工合作,在征信对象上覆盖了上市公司、企业和个人。优点在于行业细分,对接应用最为全面,最具活力。缺点在于市场淘汰过程慢、代价高,此外由于采取了市场化运作方式,对监管等基础环境要求较高。

就我国目前的情形而言,从银行贷款、消费金融,到租车、租房、住宿、借书等生活日常,信用不但影响个人在传统金融领域的金融活动,更逐渐影响到社会生活的各个方面。信用的重要性,映射在市场行为,则是市场对于征信产品和服务需求的增加,并且需求呈现越来越多样化的特征。作为社会信用体系建设的一个环节,个人征信商业化、市场化发展正在展开,而且其重要程度不断上升。完善的征信体系也将直接影响到社会融资成本、放贷效率和行业抗风险能力,从而有助于普惠金融的渐进实现、经济运行成本的降低以及经济运行效率的提高。

互联网金融的快速发展扩大了征信体系的数据来源与范畴,得益于通信技术的发展，个人、企业随时随地得以接入互联网主体，信息扩散和传播的方式、路径、速度都发生了变化，市场的活力被激发。相对应地，征信模式在发生变化，贸易往来也可以成为征信行业发展的基础，供应链金融数据一样可以并入。新兴互联网金融公司 Zestfinance 和 Kreditech 通过联网方式收集用户网络社交、社保缴纳、税收缴纳记录等数据，并基于此综合起来为用户评定信用等级，以此作为授信的重要判断基础。Wecash 闪银基于移动终端进行授信，通过用户自主授权的社交网络数据和搜索引擎获取结果，以交叉检验的方式，判定数据的真实性，再结合行业、职业等个人信息综合评定用户的信用等级，并且授信的效率极高，20 分钟内即可完成 6000 元以下授信额度，2 小时内完成最高 50 万元的授信额度。在征信行业中，波士顿咨询提出包含数据征集、模型分析与征信洞察、征信产品应用在内的三大产业链核心。

网上理财行为、网络消费和在线支付等消费、投资与支付习惯的改变为网络征信的发展提供了客观基础。尤其是互联网理财产品，它的出现满足了金融投资者随时随地投资的偏好，在节约时间的同时进行财富增值，对于在线借贷平台，由于其较高收益率吸引了众多投资者，但其中存在的问题是信用数据缺失而带来的隐含高风险，因此，征信体系的完善将有利于投资者在信息掌握充分的基础上做出决策，从而利于资源更合理、有效、高效地配置。

例如：芝麻信用及其生活场景使用

芝麻信用是依据方方面面的数据而设计的信用体系，基于阿里巴巴的电商交易数据和蚂蚁金服的互联网金融数据，并与公安网等公共机构以及合作伙伴建立数据合作。与传统征信数据不同，芝麻信用从用户信用历史、行为偏好、履约能力、身份特质、人际关系五个维度，对涵盖信用卡还款、网购、转账、理财、水电煤缴费、租房信息、住址搬迁历史、社交关系等海量信息数据进行综合处理和评估。

芝麻信用通过分析大量的网络交易及行为数据，可对用户进行信用评估，这些信用评估可以帮助互联网金融企业对用户的还款意愿及还款能力做出结论，继而为用户提供快速授信及现金分期服务。

芝麻信用评分，是在用户授权的情况下，依据用户各维度数据（涵盖金融借贷、转账支付、投资、购物、出行、住宿、生活、公益等场景），运用云计算及机器学习等技术，通过逻辑回归、决策树、随机森林等模型算法，对各维度数据进行综合处理和评估，在用户信用历史、行为偏好、履约能力、身份特质、人际关系五个维度客观呈现个人信用状况的综合评分。

芝麻分值范围从 350 分到 950 分。持续的数据跟踪表明，芝麻分越高代表信用水平越好,在金融借贷、生活服务等场景中都表现出了越低的违约概率,较高的芝麻分可以帮助个人获得更高效、更优质的服务。

第五节 数字货币和区块链

数字加密货币及其背后的技术"区块链",越来越受到互联网金融领域、FinTech(金融科技)公司和政府监管层面的关注。

一、数字货币

数字现金的概念最早在20世纪80年代由David Chaum(数字货币的发明人)提出。之后,一些机构对加密货币做了商业化尝试,比如引进电子现金和电子黄金。然而,这些努力因为缺乏法律合规性、不明智的商业管理或全网集中化等不同原因以失败告终。之后,日裔美国人Satoshi Nakamoto(中本聪)在21世纪初提出比特币(Bitcoin)。与大多数此前的数字货币不同,比特币不依靠特定货币机构发行,它依据特定算法,通过大量的计算产生,而此之前的数字资产则被认为是容易复制的。基于密码学和P2P网络,比特币是一种P2P形式的数字货币,并在互联网上发布和流通。

目前关于数字货币还没有一个明确的定义,但欧洲银行管理局(European Banking Authority)曾在2014年对虚拟货币进行了界定,认为虚拟货币是价值的一种数字表达,不是由中央银行或某个公共权威机构发行,也不一定与某一法定货币挂钩,但被自然人或法人接受用于支付手段,可以进行电子转移、储蓄或交易。周永林参照国际货币基金组织(IMF)2016年研究报告的分类,将数字货币(Digital currency or Digital money)定义为"价值的一种数字表达",包括由非中央银行或公共权威机构发行的数字货币即虚拟货币,也包括中央银行或公共权威机构发行的数字化法定货币。即数字货币包括虚拟货币和法定数字货币两类。数字加密货币也被包含在这一概念内,多数研究认为数字加密货币是一种新的虚拟货币。欧洲央行比较早采用这种分类。按照是否与法定货币存在自由兑换关系,虚拟货币可以分为三类。第一类,虚拟货币与法定货币之间不存在兑换关系,只能在网络社区中获得和使用;第二类,虚拟货币可以通过法定货币获取,用来购买虚拟和真实的商品或服务,但不能兑换为法定货币,比如AmazonCoin(亚马逊币);第三类,虚拟货币与法定货币之间能相互兑换，并可以用来购买虚拟和真实的商品或服务，比如比特币、林登币。美国税务局和财政部金融犯罪执法网络 FinCEN 将比特币称为可转换的虚拟货币。从税收角度，美国将比特币和其他虚拟货币归类为特殊商品。世界银行扶贫协商小组 CGAP 从形式、记账单元、客户识别、发行人、发行机制等方面比较了比特币和一般电子货币的异同。

比特币经济使用整个 P2P 网络中众多节点构成的分布式数据库来确认并记录所有的交易行为，并使用密码学的设计来确保货币流通中各个环节的安全性。点对点的传输意味着一个去中心化的支付系统，它创造了一种解决彼此之间不信任的记账方式。P2P 的去中心化特性与算法本身可以确保无法通过大量制造比特币来人为操控币值。基于密码学的设计可以使比特币只能被真实的拥有者转移或支付。这同样确保了货币所有权与流通交易的匿名性，这对于学界、业界和监管机构都将是一个很大的挑战。迄今为止，仅有厄瓜多尔一个国家的中央银行发行了数字货币，但其余国家也始终将其作为一个可以考虑的保留选项。发展数字货币的全社会成本基本是零，但可能会对现在的货币调控、监管形成很大冲击。对于中央银行自己发行数字货币是否有益于普惠金融的发展，国际上目前仍然存在较大争议。支持者的理由主要有三方面：一是有利于数字货币的标准化和通用化，便于系统的整合以及与金融业的对接，目前大部分数字货币的使用范围非常有限，而央行发行的数字货币理论上在全国范围内都是法定通货；二是由于央行有国家信用作担保，可以保证数字货币币值的稳定，有利于维护消费者的信心，保护消费者的合法权益；三是可以提升央行在数字货币领域的权威性，有利于各项普惠金融发展政策的贯彻实施。反对者的理由主要也有三方面：一是由于市场经验和技术力量的欠缺，央行在数字货币方面和民间企业相比并不具备比较优势；二是作为非营利机构的央行相对缺乏创新的动力，但又具备天生的垄断能力，可能会阻碍数字货币市场的创新发展；三是发行数字货币可能会给央行带来各种管理风险和技术风险，一旦出现管理不慎或安全漏洞，后果会比民间企业要严重得多。

二、区块链技术及其应用

比特币背后的技术"区块链"（Blockchain），其价值远远超过了数字货币和现金货币本身。在使用现金货币的情况下，如果消费者用英镑购买了货物，那么银行需要与另外一家银行接触，以更新客户开立在银行的账户余额，当日结束时，银行之间再通过中介进行结算，以保证现金数量是正确的。而区块链技术不同，为了让比特币如同货币一样，比特币必须能够从账户里转移，并可以被同一个人消费两次，且必须避免任何对第三方的依赖。交易确认分为两步：第一步，由某个支付节点通过竞争完成交易有效性的初步确认；第二步，初步确认消息被广播到全网络，被全网络认可后，交易有效性得到最终确认。但正因为如此，在支付时消费者仅仅需要直接支付给其数字钱包即可。区块链技术的广泛运用有可能重塑现有金融服务技术基础设施，从而对现行业务流程通过优化带来益处。

区块链的应用极其广泛，不只是支持加密货币转换，也支持智能合同。智能合同是现实世界的合同通过电脑程序的再实现，合同的条款嵌入在区块链上配置的代码中，例如，将区块链技术应用于登记土地，以确保其所有者的唯一性。Factom 是一家美国的创业公司，为基于区域链的土地登记提供一种原型。房屋所有权保障的缺失也是不公正的源头，也让利用房屋或土地作为抵押物进行融资等等变得困难。但基于区块链的技术可以解决这一问题。

区块链作为一种记录交易的公开账本技术，可以被用于记录任何东西，也包括股票等数据。目前基于网络访问权限，主要有两种区块链：无须许可区块链（公共区块链），网络访问免费并且任何人可以建立节点验证交易，以比特币和以太网为代表；许可区块链（私有区块链），网络访问仅限于一些已知的参与者。

金融业正在积极实验区块链技术在各种金融场景中的应用，例如，金融机构建立许可区块链平台，银行在网络中既可以充当参与者，也可以充当验证者，并可以在此平台上进行互动或向客户提供相应通道。金融机构也可以提供区块链服务连通外部平台，例如，区块链应用 AppliedBlockchain 研发的区块链票据管理服务 Tallystick，他们的服务向公司提供简化的票据管理处理系统，但是要求和现行金融系统进行整合。在这种情况下，银行可以充当通道和服务商的作用，将他们的客户引入网络中。面对区块链技术可能带来的变革，美国大型银行也纷纷加大对该领域的投资力度。花旗银行在内部发行了自己的数字货币"花旗币"（Citicoin）。瑞士联合银行（UBS）在区块链上试验了 20 多项金融应用，包括金融交易、支付结算和发行智能债券。巴克莱银行已经为这项技术找出了 45 种用途，从客户身份信息的储存、跨境支付处理、债券或股票交易的清算和结算，到那些自我操作的智能合约如信用衍生合约等，再到如果一家公司出现违约，机器会自动支付等。2015 年底摩根大通（JPMorgan）积极投资如区块链、大数据、机器人等领域，这些新技术是其关注的焦点。目前，摩根大通已成立工作组开发"市场领先的平台"，2016 年计划投资 90 亿美元，创新科技将成为其主要优势。而且，摩根大通实质上已经在试图将区块链融入主流，成为与金融技术公司 R3 签署合作的第一批银行。事实上，2015 年 9 月，13 家顶级银行，包括汇丰银行、德意志银行等，已经加入了一个由金融技术公司 R3 领导的组织，R3 公司将会利用区块链技术作为框架。宣布加入的 13 家银行是：花旗银行、美国银行、摩根士丹利、德国商业银行、法国兴业银行、瑞典北欧斯安银行、纽约梅隆银行、三菱 UFJ 金融集团、澳大利亚国民银行、加拿大皇家银行和多伦多道明银行。此前，已有另外 9 家银行签署了 R3 的初创协议，由此总计 22 家银行加入。这代表着银行之间首次对于如何利用区块链于金融层面达成了共识。

2015 年美国证券交易委员会（SEC）批准在线零售巨头 Overstock 计划通过比特币区块链发行证券的计划。这是首次来自权威监管部门的公开批准，也许这将会彻底改变今后证券发行和未来证券交易的方式。区块链技术可以大幅度削减发行、追踪和交易加密证券的成本。它在金融市场中提供了一个完全透明、安全、可靠和快速的基础设施。这项比特币的底层技术也许还能够防止市场操纵行为，并且成为一种自动运行的系统从而完全取代传统交易所。美国电子证券交易机构 Nasdaq 宣布其基于区块链技术建立的平台 Linq 完成了第一笔私人证券交易。Linq 极大加速了公开市场的交易结算，从原先的标准时间 3 天缩短到 10 分钟，结算风险降低 99%；简化交易双方发行和申购材料的文字工作，烦琐流程简单化。

对于区块链技术的重视，并不仅仅发生在业界层面，政府对其的研究与关注不容忽视。英格兰银行（Bank of England）分别于 2014 年 9 月和 2015 年 2 月发布研究报告，对比特币及其相关技术持积极肯定的态度，认为数字货币（如比特币）的出现已经表现出在没有可信任的第三方情况下安全转移价值的可能，其背后的区块链技术创建了一个如何在互联网上转移价值的协议，属于"重大创新，意义深远"。2015 年 3 月高盛在《金融业未来：重新定义后几十年的支付方式》的报告中认为，比特币或数字货币不需要中央清算机构也能进行资产转移，将使企业和个人节省大量转账支付费用，也可能使传统的西联等汇款公司消失。国际货币基金组织（IMF）在 2016 年 1 月发布的一篇研究报告中认为，"加密和网络计算等新技术的发展，正在推动世界经济在物品、服务和资产交换方式等方面的一系列转型变革。在这一进程中，虚拟货币的出现发挥着重要作用。虚拟货币具有很大的潜在优势，包括在支付和价值转移特别是跨境支付和价值转移方面的快速和高效，以及在推动普惠金融发展方面。其背后的技术所引发的变革将远远超过虚拟货币本身。"2016 年 1 月，英国政府发布了《分布式账本技术：超越区块链》（Distributed Ledger Technology：beyond block chain）的重要报告，其中提到英国联邦政府正积极探索类似于区块链技术的分布式账本技术,并分析将其应用于传统金融行业的潜力。一些政府已经开始将分布式账本技术引入业务当中,爱沙尼亚政府已使用 Guardtime 公司开发的"无须密码的签名基础设施"的分布式账本技术进行相关试验,并启动了电子式商业登记(e-Business Register)及电子征税(e-Tax)等,降低了政府和公民的行政成本,提高了行政效率。在 2016 年悉尼创新支付会议(Innovation Payment Conference)中,澳大利亚储备银行(Reserve Bank of Australia)支付政策部门(Payments Policy Department)主管 Tony Richards 宣称,澳大利亚中央银行正对数字货币和区块链支付系统进行研究。指出"可行的方案是由中央银行发行货币,再由授权机构监管货币交易和流通,当然现有的金融机构可能会参与其中"。

从全球角度来看,对比特币和区块链行业的风险资本投资热度渐长。目前全球有 750 多家与区块链技术相关的创新公司,其业务主要覆盖数字货币、支付与结算、资产与身份管理、基础设施和开源开发,以及风险投资、媒体和咨询等六大应用领域。2014 年全年投资 2.3 亿美元,截至 2015 年第三季度,投资额达到 4.62 亿美元。比特币和区块链的发展值得国内业界特别关注,这将是科技应用于金融的重要发展趋势。

例如:Bitpay

BitPay 于 2011 年 5 月在美国旧金山成立,是一家提供比特币商家服务的专业公司。2014 年单月交易手续费收入是 500 万美元。到 2015 年,公司已经有 70 名员工,签署服务了 7 万多商家用户,其中不乏微软、谷歌和维珍银河等巨头公司,比特币企业服务市场占有率目前达到 60%。随着比特币的火热,许多资本也进入市场,李嘉诚的风投公司维港投资(Horizons Ventures)已投资 BitPay。

BitPay 的业务是面向收取比特币的商户提供支付解决方案,商户收到消费者的比特币(必须是使用比特币的个人消费者),通过 BitPay 把钱兑换成自己使用的货币,并向 BitPay 支付 0.99% 的手续费。目前 BitPay 只向企业提供服务,包括收账、支付、数字资产管理等。个人服务功能尚在开发中,BitPay 在对个人服务领域有着巨大的潜力,尤其是在国际汇款业务上。

传统支付方式使用的是类信用卡系统,商户得到卡号后从消费者个人账户取钱,这被称为拉取交易(Pull Transaction)。商户获取消费者所有个人信息,并通过这些信息收取付款,这个设计本意是防止欺诈,但如若被犯罪分子掌握这些个人信息,消费者的账户资金就会因此被盗取。而比特币的支付方式是推送支付(Push Transaction),消费者的手机软件通过获取商户的信息来完成交易,收款人仅收取应付资金款项,而无法获得消费者个人信息,因此比特币交易中没有消费者个人信息泄露的可能性，这就是两种交易方式的最大区别。当消费者结账时，手机软件会提示消费者花费多少比特币，BitPay 同时会监控这些资金兑换，并按汇率进行兑换，再将商品等价的资金汇入商户账户。

BitPay 的运营受比特币汇率波动的影响，因此当商家完成一单商品的销售时，BitPay 的后台会立刻卖出对应的比特币确保当期交易，减少比特币波动带来的持有损失，在相反的情况下则会买入比特币。目前这些工作都是通过后台部门人工实现，辅以必要的自动化效率系统。对于小额交易来说，没有必要立刻做出买卖的操作，比特币价格的波动对最终结算影响极小，而大额资金交易则需要较早地锁定交易价格，从而避免市场波动造成损失。

此外，BitPay 对商家进行评估，并检测商家提供的商品或服务是否合理真实，同时受美国当局的监管要求，数据存储在加密的服务器上。通过这些方式与手段防范洗钱和不正当交易。

第七章　数字金融产业的风险与监管

第一节　数字金融产业面临的风险

一、数字金融的风险成因

数字金融结合了互联网和金融的各种特性，不仅面临着传统金融体系的风险，还要面临互联网特有的信息技术安全风险等，另外，数字金融领域的法律法规不够健全，所以数字金融还面临法律风险。

风险成因主要有：①数字金融缺乏规范的技术标准。虽然数字金融得以快速发展，但目前还没有相匹配的规范技术标准，能使用户的操作安全系数降低，从而衍生出了数字金融的风险漏洞。②数字金融无法适应传统金融监管制度。数字金融模式创新能力强，传统金融的分业监管无法适应，数字金融需要混业监管。统一平台上提供不同的金融服务，如果分业监管，可能会导致监管缺失，所以行业内风险加剧。③数字金融行业法律法规不健全。数字金融发展时间较短，传统金融的法律法规还不能完全照搬过来施加于数字金融行业，许多数字金融企业为了一己私利频繁采取跨越红线的过激行为，这就增加了行业的风险性。

二、数字金融的风险类型

通过归类，数字金融的风险有：操作风险、信息安全风险、技术风险、信用风险、业务运营风险、法律信誉风险、其他风险等。

（一）操作风险

巴塞尔银行监管委员会将操作风险定义为：由于内部系统软件不完备、外部操作所造成的损失风险。①创新支付方式风险。动态密码是目前常用的身份认证方式，手机移动支付缺少U盾接口，消费者往往风险防范意识薄弱，缺乏对密码认证的安全防范意识。②业务关联性风险。数字金融的风险来源是多方面的，可能是自身操作，也可能是业务相关的金融机构，主要在于关联业务越来越多，交叉感染的风险就会增大。③交易主体操作风险。有些消费者并不了解数字金融的某些业务操作方式，在进行支付结算时，很容易重复操作，或者是在公共Wi-Fi场合下进行资金转移，不法分子就可能会对消费者的账户进行拦截或篡改。

数字金融网络化水平较高，技术人员一旦操作不当，就会引起黑客的攻击，造成系统瘫痪，影响用户资金安全，尤其是在第三方支付方面。例如，第三方支付业务，用户的账号和密码验证都是在线完成的，必须通过开放式的网络实现，加密不够牢固的话，指令传输很可能会被违法人员截取，从而使得用户账号被入侵。

（二）信息安全风险

①黑客攻击风险。黑客目前已经成为一定规模的产业链，他们运用专业的工具发掘漏洞，同时，越来越多的非法分子也开始通过邮件、微信方式来套取客户的银行卡信息，窃取用户银行卡账号中的资金，尤其是手机用户，诈骗者植入手机用户的病毒拦截支付宝信息，获取用户的支付密码，从而盗取资金。②木马病毒。一旦网络遭遇木马病毒，用户录入信息都会被监控，随着支付方式的多样化，支付宝和微信的支付二维码也会被做成变种病毒，代表性的有病毒二维码，如盗信僵尸和伪淘宝，它们将相关的二维码图片放到各大论坛或购物网站以打折的方式诱骗用户下载。③网络钓鱼诈骗。通常是设计一个与目标网站相似的虚假网站，连网址都很相似，一般的客户很难发现二者之间的细微差别，消费者将自己的个人信息登记在这个虚假网站后，不法分子就会记录如银行卡号、身份证号、密码等信息，从而盗取用户资金。

（三）技术风险

①技术选择风险。一是技术陈旧落后。数字金融企业如果选择的技术方案落后，那么将会导致业务流程不畅，影响用户体验，降低用户参与的概率。二是系统信息传输效率低下。如果技术系统和客户终端兼容性较差，就会影响传输效率。数字金融企业选择技术失误，不仅会流失自己的客户，还会失去市场拓展能力。②系统安全风险。电脑程序和软件安全与否将对数字金融的交易起到决定性作用，数字金融的系统性风险表现在：一是TCP/IP协议的安全性，互联网协议忽略了传输的安全性，信息加密程度不够，会导致信息被窥探或被截取，威胁用户资金。二是计算机病毒感染或主机服务器宕机，病毒会通过计算机传染整个网络，严重的会造成系统性风险、

交易平台不稳定等问题。三是加密技术和密钥技术不完善，黑客就会对系统进行攻击，有的会攻击客户端。

（四）信用风险

①违约风险。目前传统金融体系有一套征信系统，而数字金融的公民征信系统还不完善，数字金融体系内部的征信信息也不能共享，贷款者和平台的违约都会给投资者带来巨大的资金损失，违约风险在数字金融交易中最为明显，并且还没有对借款者违约的有效管理机制。②信息滥用风险。数字金融企业通过数据挖掘对用户进行金融业务的信用评估，对用户的信息使用不当就会造成信用风险，要想降低信息被滥用的风险，就要健全用户审核机制和完善风险评估指标体系。③欺诈风险。一方面来自企业内部，内部员工故意盗取用户资金，用未经授权的项目投资进行欺诈，严重影响企业的声誉。另一方面是数字金融平台自身承诺高收益而实际为非法集资骗取用户资金的欺诈行为。

另外，数字金融交易是在虚拟的互联网中进行的，这增加了双方的身份、交易真实性确认的难度系数，交易双方存在信息不对称问题。①数字金融企业的信用风险。数字金融从业者利用信息不对称，瞒报信用评级和诱骗消费者投资，然后对资金用途进行作假，也不按照合同使用资金，最后形成"庞氏骗局"，像众筹平台筹集到的资金都由平台自己单独管理，没有任何第三方机构托管，所以一旦平台信用出了问题，就会给投资者造成不可挽回的损失。②来自资金需求方的信用风险。网络贷款往往是小额贷款，借款者经常无法提供抵押品，这就是资金需求方信用风险的主要原因，网络平台具有虚拟性，数字金融平台很难真正了解资金需求者的还款能力和还款意愿，借款人可以伪造自己的身份，提供虚假财产和收入证明，从而伪造自己的信用等级。另外，我国的信用评价机制并不完善，没有信用共享，在一家平台的违约记录，并不能够被其他平台发现，使得这些有违约记录的借款人可以轻而易举地在其他平台得到借款，极易造成巨大的信用风险。

（五）业务运营风险

①市场选择风险。数字金融平台的资产价格受市场价格波动而发生变化的风险就是市场风险，主要包括商品价格、利率、股票价格、汇率等。一方面数字金融的用户会对自己的信息进行一定的隐藏，平台又无法使用技术手段进行鉴别，另一方面用户如何选择平台也会导致用户的选择风险。②期限错配风险。数字金融的许多理财产品都用来投资创业，这些投资一般期限长、回报速度慢，数字金融平台往往会采取拆标处理，这会面临期限错配风险，影响到企业资金的流动性。③资金安全

风险。数字金融投资人的资金总会沉淀一段时间，但持续累积的资金缺少资金担保企业和资金流动管理机制，因此，平台就会吸收存款，这就会产生支付和资金安全的风险。④流动性风险。数字金融企业缺乏存款准备金、存款保险制度和风险资产拨备制度等，容易产生流动性风险。⑤关联性风险。数字金融企业一般会与担保企业、第三方支付企业、商业银行进行机构合作，不管是链条上的哪家企业出现问题，都会对数字金融企业造成关联性风险，而目前的数字金融企业又都缺乏专业的管理团队对合作机构进行跟踪管理。⑥利率风险。银行不同存款利率的变化必然会影响数字金融的发展，尤其对数字理财产品的影响较大，因为货币基金盈利主要依靠商业银行的利率差，市场利率的波动极有可能会给数字金融产品带来极大的风险。

（六）法律信誉风险

数字金融是全新的金融模式，过去的传统金融法规不适用，数字金融的模式更是复杂多变。①法律滞后风险。数字金融发展起步晚，扩散速度快，对应的法律更新慢，发展不健全。对于一些违法平台来讲，为了应对越来越激烈的市场竞争，吸引更多的客户，抢占市场份额，有些平台就开始向客户承诺资金保证措施，这就可能存在故意欺诈，引发网络交易纠纷，需要解决电子证据等一系列法律责任问题。数字金融需要良好的宏观环境和高度适应的法律规定。②监管缺位风险。目前的数字金融业务与传统金融业务有很多相同之处，但目前可能还是"一行三会"在进行监管，其简单出台一些政策性文件，并没有相关细则，导致监管还不太明确。③经营主体资格风险。现在还没有专门针对数字金融的法律，一些数字金融服务商正游走于法律的边缘，例如，有些数字金融经营者并没有业务经营许可证，不受证监会监管部门认可，不具有从事数字金融服务的资格和条件，也没有承担风险的能力，因此很多经营主体的合法性在法律层面上具有很大的争议。④洗钱套现风险。数字金融企业的金融服务都是在虚拟环境下进行的，具有一定的虚拟性，违法人员可以扮演交易双方的任何一方，从而购买或销售理财产品。平台如果没有建立客户身份识别和交易记录监控机制，就会引发网上的违法行为，例如洗钱、挪用公款套现等。⑤虚拟货币风险。虚拟货币打破了原来稳定的金融秩序，对我国的货币政策造成一定的冲击，一般认为虚拟货币和传统货币只能够单向兑付，即用法定货币购买虚拟货币，但是非法二级市场却突破了这种限制，构成了双向流通的实质。实际上，虚拟货币的发行机构不是金融机构，也不受金融监管机构的约束，实行不记名制，具有互联网的非真实性，其安全性备受质疑，不法分子会利用虚拟货币进行网络洗钱、反恐融资和网络赌博。⑥非法集资的风险。分为三大类：一是理财资金池模式。网络借贷平台根据资金需求者的要求设计出不同的理财产品，投资者对借款人和借款项目无须太多了解，只要认购自己的理财产品即可。还有的资金池模式是把投资者的资金放在一个平台账户内部，当资金池中的资金足够多时，再去寻找借款对象或合适的投资项目，这两种资金池模式都存在非法吸收公众存款的风险。二是不合格的借款人利用借款平台进行非法集资，一个人编造多个虚假借款人身份，发布多条虚假借款信息，骗取多个投资者的资金，然后借款人将借到的资金进行挪用，投到股票市场或房地产市场，有的甚至再高利贷借出，赚取利率差，这都构成了非法吸收公众存款罪。三是"庞氏骗局"。一些平台利用以高利率吸引投资人、拆东墙补西墙、借新钱还旧债的方式形成庞大的"庞氏骗局"。网贷平台把筹集到的资金用于生产经营或携款潜逃。

（七）其他风险

①外溢风险。数字金融对传统金融产生了不小的冲击，大量理财产品分流了传统金融机构的客户，使得传统银行不断提高存款利率，数字金融对货币市场的风险外溢产生了负面影响。②认知风险。许多投资人对数字金融理财产品盲目投资，特别是只看到高收益的产品而忽略了其风险，因此数字金融用户要提高自己的认知度。③道德风险。数字金融的投资人只关注自身的收益，但是贷款者隐瞒自己的真实信息拿到贷款后跑路或违约，平台在获得大量融资后跑路，这些道德风险均在频繁地爆发。④信誉风险。数字金融平台的信誉风险主要是机构自身经营不善，疏于对平台的监管，安全防范措施不到位，向客户传递虚假信息，导致客户经济损失。对平台的负面评价有可能让平台失去信誉，系统故障或客户信息泄露会使机构信誉受损，一旦平台提供的服务不能够满足客户的预期需求，客户对平台的不满就会在网络上传播，数字金融的信誉风险一旦形成，对平台的消极影响将是长久的。

三、数字金融的风险特征

数字金融本质是金融，不过是对金融的一种创新，数字金融不仅面临金融的风险，还面临互联网技术的风险，风险特征主要表现在以下方面：

（一）风险多样性

数字金融同时具有金融风险和互联网风险，而数字金融又包括多种模式，各个模式又有自己特有的风险。

（二）风险脆弱性

数字金融以网络技术为基础，网络黑客会对数字金融企业的平台进行攻击，风险是非常脆弱的。

（三）风险不可控性

数字金融企业的网络技术系统一旦受到网络攻击，风险很快就会扩散，不但会让整个系统瘫痪，而且借贷用户的资料也会被泄露。

（四）风险相关性

数字金融企业在发生风险，尤其是资金风险时，势必会对向它借款的担保企业和金融机构造成影响。

（五）风险监管复杂性

数字金融交易不受时间和地点限制，交易的不确定性和交易对象的模糊性使得风险监管变得异常困难和复杂。

此外，数字金融依托的互联网又具有技术性、虚拟性、开放性、共享性、创新性等特点，所以，数字金融风险还具有如下特点：

1. 扩散速度更快捷

数字金融具有强大的信息技术支持，信息传递没有时间和地区限制，但是高效的数据传输也意味着加快了金融风险扩散，即使是很小的风险也能够在金融市场快速传播。

2. 交叉传染更严重

数字金融是由多个网络节点交互联动和渗透的，不能像传统金融那样分业经营、特许经营，因此风险也从不同源头传开。数字金融本身与传统金融的结合以及自身的跨界经营，使得数字金融机构的业务风险相关性更加趋近，由于缺乏传统金融最后贷款人的风险保障机制，数字金融任一网络节点出现问题，都可能影响整个金融体系的稳定。

3. 危害影响更广泛

数字金融的消费者大多为小微企业和普通民众，长尾人群的风险意识普遍较低，他们不具有良好的风险识别能力，属于兼容发展中的弱势群体，资金借贷方本身又是传统金融机构无法覆盖的个体户、小微企业，用户本身极易出现不良借贷率，所以一旦数字金融发生系统性风险，容易引发群体事件。

4. 风险监管更困难

数字金融具有虚拟性和开放性，各种混业经营模式不受时间和空间的限制，交易时间短、速度快、频率高，各种信息不对称，使得地方金融机构难以掌握其实际状况，数字金融混业监管模式可能使原来的分业监管、机构监管方式难以采取实质性的监管措施。

四、数字金融风险的传导机制

（一）数字金融风险的传导条件

1. 达到传导临界值

数字金融活动产生的风险并不一定会立刻传导，其首先会在内部积累和消化，只有超过了一定临界值时才会传导，临界值由数字金融机构本身的风险消化能力所决定，数字金融的风险向关系密切的经济主体传导。

2. 存在传导载体

联络数字金融各个交易主体的介质是资金链，交易主体也是传导载体，也与传统金融有业务往来，数字金融的风险也会通过这些交易主体传导到传统金融。

3. 具有传导对象

传导对象是参与活动并通过各个业务密切联系在一起的各个主体，数字金融风险首先会传导给这些有密切关联的参与主体，导致这些主体也感染这些风险。

（二）数字金融风险的传导方式

1. 接触性传导

数字金融与传统金融和实体经济都存在业务往来，彼此之间还高度依赖，数字金融的风险必定会通过实体经济和传统金融的接触发生传导。

2. 非接触传导

数字金融的风险会导致社会心理预期变化，类似于社会恐慌心理，这种恐慌心理会迅速扩散，并迅速蔓延，影响到没有数字金融业务的社会主体的心理预期，进而加剧数字金融风险的蔓延。

（三）数字金融风险的传导范围

1. 传统金融体系

数字金融的有些业务直接与传统金融对接，数字P2P借贷中就有客户的资金是从银行借来的低成本资金，然后在数字P2P平台上赚取利差，数字金融风险就很容易传导到传统金融体系。

2. 实体经济领域

数字金融与实体经济领域关联密切，例如数字P2P借贷和数字众筹服务于小微企业的融资需求，数字支付为实体企业提供了结算服务。所以数字金融风险一定会影响到实体经济，并对其生产经营产生不利影响。

第二节　数字金融问题平台不断爆发的事实

2013年8月，数字金融借贷平台"网赢天下"的投资人被告知无法提取现金，同年9月，该消息迅速传播，投资者纷纷要求撤回投资，但均未成功，同年10月，"网赢天下"在仅仅运行了4个月后宣布倒闭，该公司吸收了7.8亿元资金。投资者之后纷纷向深圳公安局报案，涉案金额高达1.68亿元，被骗人数超过几千人。同期，现金贷、天力贷、互帮贷等平台都发生了逾期提现问题，各个平台的资金链陆续出现断裂。自数字金融模式传入我国以来，弥补了传统金融中的不足，我国金融行业得到了快速发展，但是行业内不断爆发的问题平台使得该行业陷入了巨大的信任危机。

一、数字金融问题平台的不规范行为分析

数字金融平台存在监管宽松、没有设置门槛、没有征信体系支撑等问题，这使得行业内的大量公司采取了不规范的手段和方式，造成了问题平台不断爆发。不规范行为表现有：

（一）提供虚假信息，赚取资金流入

一些平台为了在快速发展中占据优势，以较快的业绩吸引风投机构的注资，就将短期内扩大资产规模和提高自身平台的声誉作为经营战略，广泛散布虚假信息，使得投资人产生错误判断。

（二）建立自融平台，构建"庞氏骗局"

建立自融平台，就是指为了解决自身公司的资金短缺问题，自己成立一家数字金融借贷平台。一般有两种做法：一是通过高利率来吸引投资者，主要就是采用加息来提高收益率，这种超出常规的利率本身就有极大风险，但是部分短视的投资者会被高收益率所蒙蔽；二是将大额、长期借款标的拆分成期限短、金额小的标的。

（三）诈骗资金为主，回购套利为辅

目前倒闭的平台大多刚上线不久，运营时间普遍是在半年之内，由于目前行业没有门槛，诈骗的惩罚力度不强，部分平台就是以诈骗资金为目的而上线的。目前诈骗套路分为两个层次：①先利用类似秒标手段吸引投资者关注，平台吸引了足够的交易金额后，就会以各种借口逾期提现或倒闭跑路。②一些平台在倒闭以后，利

用"马甲"大量地五折以下收购被骗投资者的债权,而投资人为了使得自己的损失最小化,选择割肉出场,平台就可以低价收回自己卖出的高价债权。

(四)缺乏专业团队,风控力度较弱

数字金融行业普遍缺乏专业的风险管理技能,而平台的风险控制是金融机构的核心,数字金融以其多变性对该行业的人员风险控制能力提出了更高的要求,而大多平台为了追求效益,风控往往不是首要考虑的,为平台不断积累了本应回避的风险。

(五)中间账户自管,存在道德风险

大多数平台都没有将资金进行第三方托管,平台承担了大笔资金的风险集中状况,为资金挪用或携款潜逃提供了便利。

二、数字金融问题平台的三个维度分析

(一)监管主体分析

首先,运作模式有隐患。数字金融在国外本来是信用中介模式,受中国社会环境的影响,发展成为小贷担保模式或债权转让模式,在这两种模式下,平台自身脱离了信用中介的定位,虽然短期内投资者快速增长,但是平台本身却有很大的安全隐患。和纯中介平台不一样,这两种模式涉及资金关系,容易形成非法集资,比如"资金池"或"庞氏骗局",而且没有进入门槛,没有行业监管。数字金融模式目前并没有进入门槛,很多平台的创始人被高利润所吸引,盲目进入并进行高速扩张。另外,行业的发展没有监管,对投资者、借款者、平台各自的权利和义务没有明确法律规定,行业很容易走上不法之路。

(二)借贷主体参与者分析

1. 投机心理和组团投资

平台的借款者大多是小微企业或个体,而近乎 20% 的高昂利息是这些企业所无法承受的,所以平台为了牟利可能会发布虚假标的。投机者其实也能看清楚这一事实,却还是被高收益率所蒙蔽,存有不接最后一棒的投机心理,这种投机心理就催生了不法平台的生长。个人投资者向平台投标获取收益,而组团投资是积少成多,类似于团购。但是部分平台就是由于资金大量撤离,平台承受不了挤兑的资金压力而倒闭,散户一般就是不断地跟随,组团投资一旦撤离,这些会员也会流失。

2. 借款人缺乏约束

目前借款人受到的制约较少,在借款审核上很容易,没有完善的个人征信系统,

各个平台为了盲目地扩大交易额，很多不具备借款资格和还款能力的人都能够借到资金，造成许多坏账，缺乏追偿机制，借款者的违约成本又很小，目前缺乏行业监管和相应的法律法规，就有天然的违约牟利动机，而投资者还没有有效手段去追偿。

（三）平台交易方分析

第一，平台系统安全性差，部分平台只想牟取短期利益，平台的安全性和软件技术不过关，一旦受到黑客攻击很容易爆发风险。

第二，"庞氏骗局"，集资诈骗。有些平台通过发布短期的高利息标的，甚至是秒标，然后再用平台新投资者的资金对老投资者的债权进行还本付息，进行不停的资金轮转和积累，创始人再携款跑路。

第三，分拆真实标的后，资金链断裂口这类平台是将期限长、大额借款的真实标的拆分为金额较小、期限短的标的，但是由于借款金额和期限都有错配现象，当平台自有资金不足以支撑还款的现金流出时，就容易出现挤兑和资金链断裂。

第四，平台风控弱。高利率借贷本来就有很高的风险，但是大部分平台并没有很好的风控机制，对借款人和借款项目审核不严，导致平台积累了大量的次级贷款，大批借款人违约。

第五，自融平台实体公司经营效益不善。该类平台通常是为了解决幕后老板的实体公司的资金困境而建立的，即变相融资。这类公司所筹集资金的融资成本很高，背后老板又通常会把钱投在房地产等高风险行业，一旦实体经济的回报率出现问题，平台就会倒闭。

第六，单笔资金占平台交易额比例过大。平台发布较多大额超过自身风控水平的标的，一旦大标逾期或无法兑付，就会导致平台的资金链断裂。另外，平台的资金大多来自组团资金或个体大户，一旦他们撤资或提现，平台就会被立即掏空。

第七，关联平台。这些平台是一个老板管控多个平台，每个平台筹集的资金都层层上交至上级平台，平台创始人通过这种方式，用多个平台来吸收公众存款，搞集资诈骗。

三、数字金融问题平台的行业发展问题分析

（一）行业监管缺少法律依据

数字金融交易平台的职能包括信息发布、信用认定、法律手续和投资咨询等，平台从中收取服务费，不参与到借贷资金的实际经济效益当中。而实际上，数字金

融平台的借款利率超过银行同类贷款利率的4倍情形，也就是俗称的高利贷，属于法律的灰色地带，目前还没有明确的法律法规对其进行约束。

（二）投资者维权存在困境

由于数字金融平台对投资者不需要进行审核，平台资金链断裂就会波及很多人，投资者在平台出现问题后，现在普遍是通过网络借贷大本营之类的各个组织合伙成立投资者维权集团进行商讨。通过报案和公安介入的方式，又会使平台的资金转移，投资者仍然不能获得追偿。

（三）行业发展脱离中介内涵

由于数字金融平台为了满足投资者提出的安全性要求都设定变相担保的条件，也就是想表明平台自身在承担风险，还有平台对投资者做出承诺，以平台先行垫付或购买坏账办法为投资者提供本息保障，这种小额担保其实已经超过了数字金融平台的合法经营范围。数字金融平台的此类业务并不符合金融脱媒的中介机构内涵。

（四）平台缺乏风险准备金

数字金融平台是具有金融服务性质的机构，目前除了拍拍贷以外，其他平台都脱离了真正的中介平台，即便某些风控较好的数字金融平台通过收取交易服务费作为风险准备金，还有不少平台存在资金池，没有接受第三方托管机构监督，所以需要规范风险准备金，防止引起社会局部动荡。

（五）缺乏个人信用征信体系

由于缺乏完善的征信机制，数字金融平台难以判断个人的信用情况，也无法给投资者信心，使其进行资金注入。对此，我国的大多数字金融平台自己对借贷人进行信用评价，由于没有统一的指标体系，结果也有很大的差异，各个平台的评级都没有第三方专业评估机构介入，其可靠性存疑。

（六）平台技术存在安全隐患

现在有大量的平台并没有进入门槛，只需要5000元就可以买个系统软件，再注册域名，这就造成大量的粗制滥造平台产生，这种低成本做法以前适用于网页游戏，而现在数字金融平台流通的是真实资金，这就面临着较为严重的平台技术安全问题，对于没有成熟技术系统支撑的低成本平台来说，很可能会成为黑客提款的犯罪工具。

第三节　数字金融平台的风险异化分析

数字金融是现代科技和金融领域相结合的产物，具有方便、快捷、开放的特点，数字金融的健康发展有利于推动利率市场化进程，缓解小微企业融资难的困境，也有助于民间金融的阳光规范化，实现金融普惠。但是，与此同时，我国数字金融刚刚起步，发展不成熟，缺乏监管和法律规范，数字金融平台出现了不少的异化，大量平台脱离了标准化的中介模式，演变成了影子银行、担保公司，甚至是非法集资或"庞氏骗局"。虽然数字金融平台的演化是适应社会需求的一种创新，但从整体来看，这种异化发展有可能会导致系统性风险，因此必须要加强数字金融交易的监管。

一、目前我国数字金融模式异化的主要表现

（一）扩大服务对象范围

例如，数字网络借贷不再是个人与个人之间的借贷，而是个人与企业之间的借贷，也就是说由数字P2P演变为P2B，在这种模式下，平台吸引了大量的个人投资者，将他们分散的资金归集起来，平台负责企业的资信审核和信用风险控制，虽然为企业解决了融资困境，但是违背了P2P点对点的初衷，随着中小企业的大量涉足，个人投资者相对于中小企业来说属于弱势群体，不利于该模式的健康发展。

（二）引入线下模式

目前我国的社会信用系统不成熟，无法获取可靠真实的个人信息，线上审核会有难度，所以数字金融就引入了线下模式，即在线下对借款人的资信进行实地考察，通过线下设立的网点与客户面对面签约以及进行贷中管理和贷后追踪。该线下模式提高了平台的风控能力，但是增加了平台的运营成本，线下签约也会阻碍交易双方的信息互换。

（三）向投资者提供担保

目前的数字金融平台都向投资者提供本金和收益承诺，即主动承担风险：一种是平台用自有资金进行担保，目前大部分承诺本金的平台并没有约定保障金的来源是自有资金还是风险准备金账户，这样平台就成为参与交易并承担风险的担保中介了，增加了其运营风险。另一种是与小贷公司或担保公司合作，由小贷公司推荐借

款项目,通过平台将借款项目进行出售,小贷公司承担连带担保责任,实质上是小贷公司打着数字金融平台的幌子,突破其放贷杠杆的限制,存在极大的经营风险。

(四)利用债权转让模式形成资金池

我国的数字借贷存在着与平台相关的第三方参与借贷,也就是居间交易。较为典型的是宜信公司,宜信平台已经不是中介平台,而是把自有资金贷出去,获得债权,以理财产品的形式将债权出售给投资者,即通过出售理财产品形成"资金池"。宜信平台根据客户资信分别向借款人和出借人设定利率,以借贷双方的利息差来获取收益。

(五)随意拆标引起金额和期限错配

借款人的借款需求经过数字金融平台审核并发布,最重要的就是利率、借款金额、借款期限。事实上,借款人多是在做生意,因此借款期限较长,平台就将这些借款标的进行拆分,并出售给不同的投资者,但平台还要不断地寻找新的投资者来弥补退出的资金,所以很容易遇到投资人挤兑和资金链断裂的风险。

(六)打着网络借贷平台的口号,进行企业自融资

很多缺少资金又具有大额负债且很难从其他渠道借得资金的企业,自己开始创立数字借贷平台,这些企业在平台上发布虚假的大额和利息高的借款标的,并采用借旧还新的"庞氏骗局"方法,短期内获得大量借款资金,用于自身经营,而实际上没有完善的风险控制措施和信贷部门,平台表面上是在搞数字P2P,实际上是搞非法集资。

(七)循环信用融资和资金空转

现在市场上的净值标,就是投资者以投资金额为担保在平台上发布的一种借款标,这样投资者不断地以低息借入资金再高息贷出,以较低的资本获得数倍的融资,这种净值标就是网络借贷黄牛进行信用融资的工具,增加了平台的交易量和手续费收益。有些平台大批发布秒标、天标等收益高、期限短的借款标的,这种标的一般是平台虚构出来的,24小时内还本付息,超短期标的没有任何融资意义,但是会有大量的投机者利用这种资金空转方式进行套利。

(八)形式上与第三方支付平台保持合作,实质上没有执行资金托管

数字借贷平台通过将客户沉淀资金存放于托管机构,并对客户资金动向进行监管。而我国的传统金融机构合作成本较高,合作条件严格,使得大量数字P2P借贷公司选择了第三方支付平台进行合作,而实质上这些第三方支付平台的资质和实力

均不够，它们只具备转账支付功能，数字网贷平台仍然能够管控并随时提走这些沉淀资金。

二、数字金融模式的异化动因分析

（一）借款人的抗风险能力弱

数字借贷的借款人大多是工薪族、私营业主、大学生、小微企业或农民，他们的经济状况非常不稳定，相对于企业来说，不确定性更大，所以就有不能按时还本付息的风险，因此一些平台认识到这一点后，就更希望借款人是非金融企业，数字 P2P 就演变为 P2B 形式。

（二）征信体系不完善，线上资信审核不准确

我国目前还没有全面的个人信用评价体系，央行的征信记录也不对非银行金融机构开放，数字借贷平台建立了自己的信用审核系统，自己对用户的信用资质进行评级，从目前来看，这种单纯的线上审核对用户的资信评价很不准确、有很大的欺诈风险，所以大量平台引入线下模式，对借款对象进行评估。

（三）互联网自身虚拟性太强，数字网络信贷概念缺乏

数字互联网技术具有高效便捷的特点，但是自身的虚拟性却制约了网络借贷的规范发展，借贷双方通过网络提交自己的资料，很有可能大量伪造、设立多个虚拟账户，平台之间并没有信息共享，一人在多个平台借贷非常常见。居民对数字借贷观念认识不够深入，投资者不愿意把钱借给未曾见面的陌生人。另外，国外数字借贷的人群主要是用来个人消费，中国的数字 P2P 借贷群体 90% 是小企业主，同时很多平台往线下模式方向转变，为了吸引投资者，大力宣传本金保障措施和担保措施。

（四）准入门槛空缺，法律监管不到位

数字金融平台的监管跟创新相比大为落后，2015—2017 年我国陆续出台了《P2P 网络借贷中介管理办法》《网络借贷中介信息披露标准和自律规范》《网络借贷中介平台资金存管指引》，但是业界对这些监管办法的落实有很大的疑问，由于监管的缺位，市场上出现了很多钻法律空子的模式创新。

（五）行业发展混乱，借贷双方直接交易效率不高

到 2016 年底，我国的数字金融借贷平台已经有 3000 多家，而发展成熟的欧美国家的数字金融借贷平台却很少，国内的数字借贷平台质量普遍较低，发展也相当

混乱。借贷双方信息不对称，借款人和出借人根据平台的信用评级进行交易的匹配效果较差，国内的平台大多采取其他办法，选择与平台相关的第三方机构作为放贷人，脱离了作为信息中介的本质。

（六）资金第三方托管增加了平台运营成本

数字金融借贷平台本质上是信息中介平台，运营资金和客户借贷资金应当分离，但是大多数字金融借贷平台都宣布与第三方支付平台合作，但实际上这些第三方平台只进行简单的划拨与支付。

三、数字金融模式的异化风险分析

数字金融经过短短几年的发展，解决了我国国内庞大的金融需求，但是众多平台为了壮大发展规模和吸引人气，对平台的发展进行了异化。当然这些异化也是适应特殊国情和市场需求的一种创新，在一定程度上控制了风险，但是也带来了大量的异化风险。

（一）数字 P2B 模式集中了大量的投资资金，加大了违约风险

P2B 是将众多分散的资金集中起来贷给企业，是多对一的借贷模式。与 P2P 相比，风险更大，企业如果不能还本付息，所有投资者都会损失，这就要求数字金融平台对企业进行贷前审核、贷中管理和贷后追踪，也就增加了对平台风险控制能力的要求。有些平台以固定利率吸收大量投资人的资金，再以更高的利率把这些资金贷给企业，涉嫌非法吸收公众存款罪。

（二）线下运营成本和风险上升

数字金融借贷平台为了降低风险，采用线下审核，增加了投资者对平台的信任，也有效地控制了借款人的违约风险，但是却增加了平台的运营成本，借款人的费用也会增加，平台运营风险随之上升，线下网点需要去实地审核，使得平台的跨地区优势不再存在，与小贷公司的业务有所重复。

（三）提供担保会引发破产风险和关联风险

我国的数字金融借贷平台为了吸引客户，大都声称会保障本金。一种是平台自担保，即平台以自有资金或向投资人收取风险准备金的形式来担保投资者的本金或利息，其实平台已经不是中介平台。这种不受正规监管的数字借贷平台的担保行为其实不像担保公司那样受 10 倍杠杆率的上限制约，实际会出现杠杆率被严重放大。另一种是引入担保机构，但是担保信息披露不充分的话，可能存在关联交易。

（四）异化的借款标会导致信用风险和诈骗风险

数字金融借贷中有净值标、秒标、天标等异化标的，净值标是投资人利用原始出借额作为抵押然后频繁借入借出资金，杠杆率被不断放大，任何环节都可能导致信用链条断裂，引发杠杆风险和信用风险。秒标和天标都会在短时间内吸引大量资金，但这种资金空转行为和大规模运作只是平台繁荣的假象，实质上并没有将资金投向实体。

（五）中间账户监管缺位风险

目前数字金融借贷平台出现的频繁跑路和诈骗，也与交易过程缺乏第三方资金托管有关，中间资金账户处于监管缺位，数字借贷平台随时可以携款跑路。

第四节 各个分业态的风险形式与监管问题分析

本节主要从各个业态的视角来看待数字金融风险的表现形式，并揭示各个业态的风险点和风险监管中的突出问题。

一、数字支付的风险形式与监管问题

（一）数字支付的风险形式

在数字金融业务中，数字第三方支付发展较早，目前监管也较为规范，监管主体是中国人民银行，监管依据是《非金融机构支付服务管理办法的实施细则》《支付机构客户备付金存管办法》。目前数字支付的风险较小，主要是法律风险和操作风险。

1. 法律风险

数字支付已经被纳入央行的监管，数字支付在交易双方起到支付中介或信用担保作用，交易双方在数字支付平台上设立虚拟账户，随着日积月累，里面就会有大量的沉淀资金，那么这些沉淀资金的利息归属，将成为日后的法律问题。数字支付的注册具有一定的匿名性和隐蔽性，虚拟账户里面的资金可以随便跨地区、跨银行、跨境流动，数字支付机构无法辨别资金的真实流向，很容易促使洗钱等违法活动发生。数字支付平台如果经营不善就会退出市场，那么用户的资金清偿和个人信息资料保护将是重要的问题，很容易引发法律风险。

2. 数字支付操作风险

数字支付的操作流程错误会带来严重的操作风险,第三方平台的新技术很可能会使得用户出现操作失误,第三方平台的内部管理也很容易产生漏洞,尤其是因用户的各种信息等敏感数据泄露造成重大损失,例如,2013 年支付宝的内部员工工作失误泄露了用户数据,造成极大的社会恐慌。

(二)数字支付的风险监管问题

数字支付已经有了很完善的监管依据,《非金融机构支付管理办法实施细则》明确央行为数字支付的监管部门,对数字支付的市场准入、退出机制、风险管理进行明确的监督管理,《支付机构客户备付金存管办法》对数字支付机构备付金的存放、归集、划转进行详细规定。《支付机构反洗钱和反恐怖融资管理办法》对数字支付的反洗钱管理提出了详细要求。《支付机构跨境电子商务外汇业务试点指导意见》对跨境电子支付业务进行了规定,《关于加强商业银行与第三方支付机构合作业务管理的通知》对二者的合作业务也有具体规范。

数字支付的监管也面临以下突出问题:

1. 立法层级问题

《非金融机构支付管理办法实施细则》立法层级较低,没有规定监管行政部门的职责分工,对数字支付机构的惩罚力度也不够严厉。

2. 消费者保护问题

现有立法对数字支付机构市场退出、清偿债务等治理措施和消费者权益保护没有规定,所以数字支付的消费者权益很难获得保护。

3. 监管协调问题

数字支付业务覆盖多个行业,包括基金、理财、保险、借贷等,支付宝推出的产品涉及打车、代缴水电煤气、交通违章等费用。混业经营给监管工作带来了很大挑战,如何做好监管协调任务至关重要。

二、数字 P2P 借贷的风险形式与监管问题

(一)数字 P2P 借贷的风险形式

数字网络借贷的风险问题目前最为突出,当前各个数字 P2P 借贷平台的管理差异很大,因此数字网络借贷暴露出了很多问题和风险。

1. 信用风险

数字网贷的信用风险较高，比如：①对借款人的信用评级不够完善，社会信用体系不健全，借款人的身份、财务、资金用途、经营能力、负债、品行等信息无法共享。②信用数据共享机制缺乏。各个数字借贷平台之间的客户数据没有共享，借款人在不同的平台进行违规借贷，各个数字借贷平台根本无从得知。③发放净值标。净值标是以投资代收款账户额作为担保，在净值额度内发放借款需求的借贷标的，投资者可以频繁多次借入和借出。④平台信息披露不充分。对借款人信息披露不全面，平台自身年度财务报告不透明，投资人很难了解到平台的财务情况，一些平台经常会虚增信用，采用虚假债券大量投资和隐瞒资金用途。

2. 流动性风险

①平台的拆标行为。借贷双方的资金需求匹配不协调，平台就采取拆标的方式，进行期限错配、金额错配。②保本保息承诺。平台为了吸引更多的投资人，自身建立担保机制，有的平台还会承诺保本保息。不过，对于拆标行为和保本保息行为，平台需要承担垫付资金压力，一旦平台的自有资金不足以应对大量提现和挤兑，就会出现流动性风险。

3. 法律风险

①合规风险。目前数字 P2P 网贷处于监管空白阶段，并没有法律法规明确数字网贷的业务性质、主体责任、经营范围。大多平台在工行局注册的经营范围是金融咨询和信息服务，实际上数字 P2P 平台目前所从事的担保、债权转让、风险准备金等都存在合规风险。②非法集资风险。有些平台建立了自己的"资金池"，将所融的资金用于高风险投资，特别是提供保本保息的平台都有非法集资的可能。③资金存管风险。有些平台设立有第三方存管，但存管账户并没有真正监管，平台可能是在随意支配中间存管的资金，还有很多平台并没有建立资金第三方存管，更容易发生卷款跑路的行为。④洗钱风险。数字 P2P 平台难以判断投资人和借款人的身份信息，不法人员可能通过数字借贷平台从事洗钱活动。

4. 技术风险

数字 P2P 平台的系统维护、病毒防护、数据备份等硬性条件要求较高，不少平台并不具备自主开发系统的实力，容易出现技术漏洞。平台的技术维护员工多数缺乏金融风险意识，对数字网贷的风险点和防范技术了解不够。

（二）数字 P2P 平台的风险监管问题

数字 P2P 平台的问题日益显现，将会影响整个行业的发展，监管问题表现在：

①法律定位不明确。缺少专门的法规对数字P2P借贷平台进行明确规定，有很多数字P2P平台搞非法集资、设立"资金池"等。②监管主体缺失。工商行政管理局只是负责注册管理，工信部门负责平台的ICP备案，原银监会和央行都没有对数字P2P平台进行备案登记和业务规范，平台的日常运营更是没有监管。③征信困难。我国的征信体系落后，个人信息不完善，央行的征信系统只对传统银行开放，数字P2P平台无法接入央行征信系统的数据，而借款人的借款违约信息和信用逾期信息也不纳入央行征信系统，所以数字P2P平台难以全面评价借款人的信用风险。

三、数字众筹的风险形式与监管问题

（一）数字众筹的风险形式

1. 数字众筹的法律风险

众筹是一种新的融资模式，从现有的立法中，很难找到相适用的法规，众筹的立法速度远远落后于众筹的发展速度。众筹的法律风险表现有：①洗钱诈骗风险。数字众筹平台的成立门槛很低，很容易出现诈骗和洗钱情况。②涉嫌非法集资。数字众筹平台通过互联网向公众推介，股权众筹承诺在一定时期内给予投资人股权回报，但这种模式与非法集资现象很吻合。③突破证券发行限制。《证券法》规定：向不特定对象发行证券或向超过200人的特定对象发行证券都属于公开发行证券。而股权众筹向不特定对象推介项目，人次还常常超过200人，其发展势必也会受到法律的影响。④数字众筹项目的侵权问题。奖励众筹以创新性产品为主，在筹资过程中，产品的图片、详解、创新性内容很有可能会被盗版商仿造，率先上市进行销售。

2. 数字众筹的信用风险

项目发起人的信用问题主要是虚假身份和筹资成功后项目发起人不兑现承诺的问题。现行法律对发起人的资格和信息披露没有规定，平台对募资成功的众筹项目也缺乏后续监督。平台自身的资金流转也没有第三方存管，项目的风险评估、募资金额、信息披露都由数字众筹平台来决定，一旦平台的信用有很大问题，投资者的权益将受到很大的损失。

（二）数字众筹的风险监管问题

数字众筹是中小企业融资的新渠道，股权众筹已经得到国家层面认可，开展股权众筹试点也已写入政府工作报告，围绕如何监管众筹，证监会正在进行调研。《私募股权众筹融资管理办法》对众筹的准入资质、职责义务、投资者条件、信息报送等已有了明确规定。

数字众筹的风险监管问题：①立法供给不足。根据《中华人民共和国公司法》《中华人民共和国证券法》《中华人民共和国刑法》等法规，数字众筹很容易触犯非法集资和非法发行证券的红线，2013年9月，证监会把淘宝网向社会发行股权众筹界定为非法证券活动。②监管体制缺位。证监会并没有实质地把众筹纳入到监管范围内，没有形成对众筹规则和流程的明确监管框架，众筹数据也没有被纳入央行监测管理系统。③信息披露有限。数字众筹发起人的项目运营情况和投资风险信息披露较少，众筹成功以后，募集资金的使用和回馈产品的进度还无法披露等。

四、数字理财的风险形式与监管问题

（一）数字理财的风险形式

1. 数字理财的市场风险

首先是利率风险，数字理财产品的高收益得益于市场资金偏紧、利率较高的外部环境，随着利率市场化，数字金融理财将难以获得这种高利差收益；其次是数字理财流动性风险。数字理财产品一般都与货币基金连接，实行"T+1"赎回方案，货币基金通常以期限错配的方式投资期限较长的协议存款，但一旦出现利空因素或突发事件，就会引起用户大量恐慌性赎回，基金机构短期内无法变现兑付用户的赎回需求，造成流动性风险。

2. 数字理财的法律风险

①数字理财产品的风险提示不足，销售时过多强调安全性和收益率。②违规超范围经营。有些平台公司并没有获得证监会的基金销售资质，存在打政策"擦边球"的行为，随着规模加大，受到金融监管的政策风险可能很大。

3. 数字理财技术风险

数字理财依赖于信息技术和IT技术网络平台，技术上的漏洞很容易引起信息泄露、账户资金被盗等技术风险，技术故障也会导致服务中断，引发消费者心理恐慌，产生对账户资金的安全担忧。

（二）数字理财的风险监管情况和问题

目前数字理财已经有了比较完善的监管体系。数字理财风险监管的突出问题：数字理财突破了各个业态边界，出现跨界经营和融合发展情况，目前的分业监管很难适应数字理财跨界监管的趋势，监管盲区和监管过严都会出现，监管的不适应性必然会制约数字理财的发展。

五、数字银行的风险形式与监管问题

(一) 数字银行的风险形式

数字银行本身是商业银行,具有商业银行的风险特征,但在诱发动因、表现形式、危害程度等方面有所不同。

1. 数字银行的市场风险

数字银行通常比实体银行所付出的存款利息和收取的贷款利率更高一些,故利率变动很容易给数字银行带来风险。

2. 数字银行流动性风险

数字银行的支付结算和现金管理手续不需要提交纸质文件,面临的流动性风险会比传统银行更为突然。集中支付、网络谣言都会引起数字银行的挤兑现象,数字银行如果无法迅速变现投资的资产,那么将无法应对挤兑问题,迅速产生的流动性风险也将难以控制。

3. 数字银行的信用风险

大数据在解决信息不对称和降低信用成本方面具有重要作用,但是信用数据缺失严重,大数据分析的结果就不可靠,银行无法识别客户所隐瞒的信息,无法实地考察和调研借款人,这种纯网络信用很容易造成信用风险隐患。

4. 数字银行的技术风险

一切网络交易过程都很容易受到网络病毒攻击,所有的数字证书、数字签名等电子证据并没有法律依据,对客户来说具有较高的技术风险。

5. 数字银行的声誉风险

数字银行具有互联网和民营银行的双重特点,其声誉风险取决于互联网的虚拟性和民营投资举措的安全性。

(二) 数字银行的风险监管问题

数字银行风险监管存在以下突出问题:①监管体制不适应。数字银行没有物理网点。按属地原则对分支机构进行监管,将风险隔离在相对独立的区域,这些传统银行的监管办法可能也行不通。②监管方式不适应。数字银行的电子交易所带来的运行机制和风险来源都与传统银行不同,所以传统银行的监管办法无法实现对数字银行风险的监管。③监管指标不适应。数字银行集中兑付的风险传播速度更快,传统银行的风险监管指标无法适应数字银行的风险监管方案。

第八章 数字时代金融服务的安全

第一节 电子金融服务的安全认识

随着信息技术日新月异的发展，人类已经进入以网络为主的信息时代，基于 Internet 开展的金融服务已经逐渐成为人们进行金融活动的新模式。但随之而来的安全问题也变得越来越突出。如何建立一个安全、便捷的电子金融服务环境，保证整个过程中的信息安全，使基于 Internet 的电子交易方式与传统交易方式一样安全可靠，已经成为在电子金融服务中所关注的重要技术问题。

一、电子金融服务安全的重要性

电子金融服务安全从整体上来说，可分为两大部分：计算机网络安全和商务交易安全。计算机网络安全的内容包括计算机网络设备安全、计算机网络系统安全、数据库安全等。其特征是针对计算机网络本身可能存在的安全问题，以保证计算机网络自身的安全性为目标，实施网络安全增强方案。商务交易安全则紧紧围绕商务活动在互联网络上应用时产生的各种安全问题。商务交易安全是在计算机网络安全的基础上保障交易过程的顺利进行，实现信息的完整、保密、可鉴别，使其不可篡改、不可伪造和不可抵赖。

电子金融服务安全是影响电子金融广泛应用和健康持续发展的重要因素之一，保证电子金融的安全性已成为当前促进电子金融快速发展的当务之急。具体说来，电子金融安全的重要性主要体现在以下几个方面。

首先，电子金融安全是吸引更多社会公众和经济主体投身电子金融的保证。在网络环境下开展电子金融服务活动，客户、商家、银行等诸多参与者都会担心自己的利益是否能够真正得到保障。

其次，电子金融安全是帮助市场游戏规则顺利实施的前提。因为市场竞争规则强调的是公平、公正和公开，如果无法保证市场交易的安全，就可能导致非法交易或者损害合法交易的利益。

再次，电子金融安全是电子虚拟市场交易顺利发展的保证。虽然网上交易可以降低交易费用，但如果网上交易安全性无法得到保证，造成合法交易双方利益的损失，可能导致交易双方为规避风险而选择比较安全的传统交易方式。

最后，电子金融安全与国家经济安全相关。作为国家基本经济活动的商务活动如果受到破坏、攻击，甚至产生混乱，社会生活就不得安宁。国家的经济体制与秩序安全、金融与货币安全、产业与市场安全、战略物资与能源安全、对外贸易与投资安全就不能在越来越作为国家经济运行支柱的网络环境中得到有效保障。

二、电子金融服务的安全性需求

（一）信息的保密性

信息的保密性是指信息在存储、传输和处理过程中，不被他人窃取（无论是无意的还是恶意的）。要保证信息的保密性，需要防止入侵者侵入系统，对商业机密（如信用卡信息等）要先经过加密处理，再进行网络传输。

信息的完整性包括信息在存储中不被篡改和破坏，以及在传输过程中收到的信息和原文发送信息的一致性。信息的完整性将影响到贸易各方的交易和经营策略，数据输入时的意外差错或欺诈行为可能导致贸易各方信息的差异。数据传输过程中的信息丢失、信息重发或信息传送次序的差异也会导致贸易各方信息不相同。因此，要预防对信息的随意生成、修改和删除，同时要防止数据传送过程中信息的丢失和重复，并保证信息传送次序的统一。

（三）信息的不可否认性

信息的不可否认性是指信息的发送方不可否认已经发送的信息，接收方也不可否认已经收到的信息。由于商情的千变万化，交易一旦达成应该是不能被否认的，否则，必然会损害一方的利益。因此，要求在交易信息中为参与交易的个人、企业或国家提供可靠的标志，使原发送方在发送数据后不能抵赖，接收方在接收数据后也不能抵赖。

（四）交易者身份的真实性

网上交易的双方很可能素昧平生，相隔千里，要使交易成功，首先要能确认对方的身份是真实存在的。对于为顾客或用户开展服务的银行、信用卡公司和销售商店，为了做到安全、保密、可靠地开展服务活动，都要进行身份认证的工作。

银行和信用卡公司可以采用各种保密与识别方法，确认顾客的身份是否合法，同时，还要防止发生拒付款问题等。

（五）系统的可靠性

系统的可靠性是指电子商务系统的可靠程度，是指为防止由于计算机失效、程序错误、传输错误、硬件故障、系统软件错误、计算机病毒和自然灾害等所产生的潜在威胁，采取的一系列控制和预防措施来防止数据信息资源不受到破坏的可靠程度。它主要包括信息传输的可靠性网络的硬件或软件可能会出现问题而导致交易信息传递的丢失与错误、信息存储的可靠性和抗干扰能力（各种外界物理性干扰，如地理位置复杂、自然灾害等，都可能影响到数据的真实性和完整性）。

三、电子金融服务安全的主要研究内容

（一）安全技术

针对电子金融服务所面临的各种安全问题以及电子金融服务持续快速发展的安全需求，电子金融服务必须利用有关安全技术为电子金融服务活动参与者提供安全可靠的服务。具体可采用的安全技术主要有数据加密技术、通信加密技术、数字签名与认证技术、密钥分发与管理技术、信息认证技术、电子认证技术、身份认证与访问控制技术、数字水印与数字版权保护技术等。同时，在电子金融服务活动过程中，许多商务信息需要经过计算机平台的信息处理与传输，要保证不会因信息传输、电子支付等相关技术协议的不足或缺陷而出现安全问题，就需要选择和使用安全可靠的技术协议。常用的安全协议主要有电子邮件安全协议、安全超文本传输协议、安全套接层协议、安全电子交易协议、电子数据交换协议等。

（二）安全管理

安全是发展的、动态的，而不是绝对的，若电子金融服务系统管理员与用户不遵守电子金融服务安全管理条例和使用规范，再好的安全技术措施也无济于事。因此，这就需要不断检查、评估和调整相应的安全措施与管理策略。电子金融服务安全管理是识别、控制、降低或消除电子金融服务安全风险的活动，能够对电子金融服务企业的关键资产进行全面系统的防护，使企业定期地考虑新的威胁和脆弱点，并对电子金融服务系统进行及时检测和升级维护。电子金融服务安全管理需要一套防范信息传输风险、信用风险、管理风险和法律风险的完整的综合安全保障体系，

不仅涉及企业的管理体制规范、信息化建设、员工素质等，还涉及国家相关法律法规和商业规则。

（三）相关的法律法规

除了使用技术手段和管理手段之外，还需要建立和完善相关电子金融服务安全的法律法规，使得电子金融服务安全有法可依。电子金融服务安全法律法规涉及信息安全、网络安全、交易安全、安全管理等各个方面。

第二节　数据加密技术

一、数据加密的相关概念

明文：需要加密的信息，用 p 或 m 表示；明文的全体称为明文空间，用 P 或 M 表示。

密文：加密后的信息，用 c 表示；密文的全体称为密文空间，用 C 表示。

密钥：在进行信息加密和解密的过程中，通常用一个参数来控制加密或解密算法的操作，这个参数就称为密钥，通常用 A 表示。密钥的全体称为密钥空间，用 K 表示。

密码的加密和解密过程：将明文变换为密文的函数称为加密算法，变换的过程称为加密，通常用 E 表示加密过程。

密码系统：用于加密与解密的系统，就是明文与加密密钥作为加密变换的输入参数。经过一定的加密变换处理以后得到的输出密文，或者基于密文与解密密钥，经过解密变换恢复明文。一个密码系统涉及用来提供信息安全服务的一组密码基础要素，包括加密算法、解密算法、所有可能的明文、密文、密钥以及信源、信宿和攻击者（或敌手）等。

影响密码系统安全性的基本因素包括：密码算法复杂度、密钥机密性和密钥长度等。所使用密码算法本身的复杂程度或保密强度取决于密码设计水平、破译技术等，它是密码系统安全性的保证。对于一个密码系统，如果要求能够保护信息的保密性并能够抵抗密码分析的攻击，那么需要满足下列要求：首先，密码系统即使达不到理论上是不可破的，也至少要达到实际上是不可破的；其次，系统的安全保密性不依赖于加密体制或算法的保密，而只取决于密钥的安全保密；最后，密码系统应该易于实现和使用。

衡量一个密码系统的安全性可以从两方面进行：一方面，系统所使用的密码算法本身的保密强度。密码算法的保密强度取决于密码设计水平和破译技术等，可以说一个密码系统所使用的密码算法的保密强度是该系统安全性的技术保证。另一方面，密码算法之外的不安全因素。密码算法的保密强度并不等价于密码系统整体的安全性，一个密码系统必须同时完善技术与管理要求，才能保证整个密码系统的安全。

二、对称密码体制

对称密码体制是一种传统密码体制，也称为私钥密码体制。在对称加密系统中，加密和解密采用相同的密钥。因为加解密密钥相同，需要通信的双方选择和保存他们共同的密钥，各方必须信任对方不会将密钥泄密出去，这样就可以实现数据的机密性和完整性。

（一）DES 加密算法

DES 是一种对二元数据进行加密的算法，数据分组长度为 64b(8B)。密文分组长度也是 64b，没有数据扩展。密钥长度为 64b，其中有 8b 为奇偶校验，有效密钥长度为 56b。DES 的整个体制是公开的，系统的安全性全靠密钥的保密。算法主要包括：初始置换 IP、16 轮迭代的乘积变换、逆初始置换 IP^{-1} 以及 16 个子密钥产生器。

（二）AES 加密算法

AES 加密算法的 128 位版本进行十轮的处理，每一轮都对 128 位的数组（State）执行可逆替换。

建立每一轮的四个基本步骤如下：

第一步：SubBytes 步骤，即 S-盒替换步骤。

第二步：ShiftRows 步骤，即置换步骤。

第三步：MixColumns 步骤，即矩阵乘法（希尔密码）步骤。

第四步：AddRoundKey 步骤，即使用从 128 位密钥派生的轮密钥的 XOR 步骤。

AES 典型的软件实现优化了执行速度，使用多个查找表来实现每一轮的基本步骤。查找表将函数的所有可能值存入数组，由函数的输入索引该数组。可以证明：AES 算法的 128 位版本正好可以使用八个查找表实现，每个查找表将输入字节映射到输出整数。在加密和解密过程中对查找表进行预计算和访问。

（三）RC4 加密算法

RC4 加密算法是 Ron Rivest 在 1987 年设计的密钥长度可变的流加密算法簇。之所以称其为簇,是由于其核心部分的 S-box 长度可为任意,但一般为 256 字节。该算法的速度可以达到 DES 加密的 10 倍左右。RC4 算法是一种在电子信息领域加密的技术手段,用于无线通信网络,是一种电子密码,只有经过授权(缴纳相应费用)的用户才能享受该服务。

(四)A5 加密算法

A5 加密算法是欧洲数字蜂窝移动电话系统 GSM 中采用的加密算法。A5 加密算法由三个级数不同的稀疏的本原多项式构成的线性反馈移位寄存器组成,它们的级数分别为 19,22 和 23。它的初始状态由密钥独立地赋给,输出则是三个线性反馈移位寄存器输出的异或。它采用可变钟控方式,从每个线性反馈移位寄存器的中间附近选取控制位。如果控制位有两个以上的取值为 1,则产生这种位的线性反馈移位寄存器移位;如果控制位有两个以上的取值为 0,则产生这种位的线性反馈移位寄存器不移位。

A5 加密算法有三种变种:A5/1、A5/2 和 A5/3。A5/1 和 A5/2 两种流密码用于空中语音的保密性。A5/1 是在欧洲范围使用的强力算法,而 A5/2 则是在其他国家使用的弱强度算法。这两种算法中的严重漏洞都已经被发现,且这两种算法均已被破译。A5/3 算法是由 3GPP 与 GSM 联合会合作开发并用于 GSMCTM 系统的,该算法将为手持式移动电话机(俗称手机)用户提供更高级别的防偷听保护。

三、非对称密码体制

公共密钥加密使用两个不同的密钥,因此是一种不对称的加密系统。用在非对称算法中的密钥在数学上是相关的,一个密钥不能从另一个计算出来。在非对称加密体系中,密钥被分解为一对(一把公开密钥即加密密钥和一把专用密钥即解密密钥)。这对密钥中的任何一把都可作为公开密钥(加密密钥)通过非保密方式向他人公开,而另一把则作为专用密钥(解密密钥)加以保存。公开密钥用于对机密信息的加密,专用密钥则用于对加密信息的解密。专用密钥只能由生成密钥对的一方掌握,公开密钥可广泛发布,但它只对应于生成该密钥的一方。

(一)RSA 算法

RSA 体制是 1978 年由美国麻省理工学院 Rivest、Shamir 和 Adleman 三位教授首先提出的一种基于因子分解的指数函数的单向陷门函数,也是迄今为止,理论上最为成熟完善的一种公钥密码体制。

RSA算法有公开密钥系统的基本特征,首先,若用PK(公开密钥,即公钥)对明文进行加密,再用SK(秘密密钥,即私钥)解密,即可恢复出明文。

(二)其他非对称密码体制

1.Diffie-Hellman 公钥体制

Diffie-Hellman 公钥分配密码体制是斯坦福大学的 W.Diffie 与 M.E.Hellman 于 1976 年设计的,令 p 是大素数,且 p-1 有大素数因子。使用过程是:A 欲与 B 通信,首先用明文形式与 B 接通,然后 A 任选正整数 ZWP-2 作为密钥,将计算结果 E 发送给 B,B 将根据 A 和 B 拥有的共同密钥进行解密。这种公钥分配体制的安全性是基于有限域上的离散对数问题的困难性,所以具有很高的安全性。

2.Elgamal 公钥体制

1985 年,Elgamal 构造了一种基于离散对数的公钥密码体制,这就是 Elgamal 公钥体制。ElgamaI 公钥体制的密文不仅依赖于待加密的明文,而且依赖于用户选择的随机参数。即使加密相同的明文,得到的密文也是不同的。由于这种加密算法的非确实性,又称其为概率加密体制。在确定性加密算法中,如果破译者对某些关键信息感兴趣,则他可事先将这些信息加密后存储起来,一旦以后截获密文,就可以直接在存储的密文中进行查找,从而求得相应的明文。概率加密体制弥补了这种不足,提高了安全性。

与既能作公钥加密又能作数字签名的 RSA 不同,Elgamal 签名体制是在 1985 年仅为数字签名而构造的签名体制。NIST 采用修改后的 Elgamal 签名体制作为数字签名体制标准破译 Elgamal 签名体制等价于求解离散对数问题。

3.概率加密公钥体制

一般公钥密码的一个明文对应于一个密文,因而密码分析者可以对密文进行选择明文攻击,即可以选择任意明文,用公开密钥进行加密得到相应的密文,与原密文进行对照,如果相同,则相应的明文就是要求的明文。这种攻击对低明文空间非常有效,这种明文唯一确定密文的密码体制称为确定性密码体制。为了消除确定性密码体制的这种缺陷,1982 年美国加州大学伯克利分校的 SGolwasser 和 S.Micali 提出了一种概率加密方法(简称为 GM 方法)。

概率加密方法是采用概率算法对明文进行变换,因而加密的每一个明文字符可能有许多不同的密文。所以,不可能测试出一个给定的密文是否是某个特定的明文加密而成的,概率加密的目的是要使得敌手在多项式时间内不能从密文获得有关明文的任何信息,这个目的可通过在公钥体制中使用概率加密算法来实现。

四、混合加密技术

对称加密技术加密速度快、加密效率高，但由于密钥是需要所有的发送方和接收方都严格保密的，所以密钥的管理和分发面临许多困难和不安全隐患。虽然非对称加密技术很好地解决了这一问题，不存在密钥分发问题，但由于其算法是基于一些数学难题来实现的，密钥长度要比对称加密算法的密钥长，由于算法实现比较复杂，加解密速度远远慢于对称加密算法。由此可见，对称加密技术和非对称加密技术各有优缺点，在进行电子商务数据加密时将两种加密技术结合起来使用，利用它们自身的优点来弥补对方的缺点，可提高数据加解密的速度和安全性，如对关键性的核心机密数据采用非对称加密技术，而对大批量数据进行加密时则采用对称加密技术，或者是加解密采用对称加密，密钥传送采用非对称加密。

混合加密技术是基于综合使用对称加密算法和非对称加密算法提出的一种加密解决方案，即数据发送方首先利用一个随机生成的密钥和对称加密算法对明文数据进行加密，然后通过使用接收方所发送的公钥把随机密钥进行加密构成数字信封，并将其与密文一起发送给接收方，接收方收到所发送的数字信封之后通过自己的私钥首先解密随机对称密钥，再利用解密得到的随机对称密钥对密文进行解密，从而恢复原始明文。混合加密技术既利用了对称加密安全强度高、速度快的特点，也利用了非对称加密密钥管理简单的特性，不但能够得到较高的加密速度，而且也可以得到较大的安全性。

信息发送方用接收方的公钥将一个私有密钥进行加密就形成了一个数字信封，然后连同其他信息一起传送给接收者，这就是数字信封技术。在数字信封中，信息发送方采用对称密钥来加密信息内容，然后将此对称密钥用接收方的公开密钥来加密（这部分称为数字信封）之后，将它和加密后的密文一起发送给接收方，接收方先用相应的私有密钥打开数字信封，得到对称密钥，然后使用对称密钥解开加密信息。数字信封主要包括数字信封打包和数字信封拆解，数字信封打包是使用对方的公钥将加密密钥进行加密的过程，只有发送方的私钥才能将加密后的数据（对称密钥）还原，数字信封拆解是使用私钥将加密过的数据（对称密钥）进行解密的过程。

数字信封的功能类似于普通信封，普通信封在法律的约束下保证只有收信人才能阅读信件的内容，而数字信封则采用密码技术保证了只有规定的接收者才能阅读信息的内容。数字信封中采用了对称密码体制和公钥密码体制，信息发送者首先利用随机产生的对称密钥加密信息，再利用接收方的公钥加密对称密钥，被公钥加密后的对称密钥被称为数字信封。在传递信息时，信息接收方若要解密信息，就必须首先使用自己拥有的私钥解密数字信封得到对称密钥，然后才能利用对称密钥解密所得到的密文，这样就保证了数据传输的真实性和完整性。

第三节　认证技术

买卖双方在开放的互联网上进行交易，其交易过程中交换的各种重要信息，如银行账号、交易金额、信用卡号码和交易人身份等都需要得到安全保护。电子金融服务中常用的认证技术包括数字签名技术、消息认证技术、PKI 技术和身份认证技术等。

一、数字签名技术

（一）数字签名概述

数字签名（Digital Signature）又称为公钥数字签名或电子签章，是指附加在数据单元上的一些数据，或是对数据单元所做的密码变换。这种数据或变换允许数据单元的接收者用以确认数据单元的来源和数据单元的完整性并保护数据，防止被人（例如接收者）伪造。

数据签名一般具有完整性、不可伪造性和不可抵赖性三种特性。完整性是指能够证明签署人在签署文件后，文件未做任何的非法改动，完好如初，不可伪造性是指能够对签署人的身份进行认证，能够证明文件确实是签名者本人签署。不可抵赖性是指能够防止交易中签署人对签署的文件的抵赖和说谎行为。

数字签名应满足以下四种需求：

（1）数字签名的产生必须使用双方独有的一些信息，以防伪造和否认；

（2）数字签名的产生应该比较容易实现；

（3）数字签名的识别和验证应该比较容易实施；

（4）对已知的数字签名构造一个新的消息，或者对已知的消息构造一个新的数字签名，在计算机上都是不可行的。

数字签名是保证数据可靠性、实现认证的重要工具。实现数字签名的技术手段有多种，包括：基于 PKI 公钥密码技术的数字签名；以生物特征统计学为基础的生物特征识别；能识别发件人身份的密码代号、密码或个人识别码 PIN 等。它在信息安全、身份认证、数据完整性、不可否认及匿名性等方面有着广泛的应用。

（二）数字签名技术的工作原理

数字签名利用双重加密的方法来实现信息的真实性与不可抵赖性。首先，数据文件用安全散列算法（Secure Hash Algorithm，SHA）编码数据，产生128bit的数字摘要。然后，发送方用自己的私用密钥对摘要再加密，形成数字签名，同时将原文和加密的摘要传给对方。接收方用发送方的公共密钥对摘要解密，同时对收到的文件用SHA编码加密产生又一摘要。最后，将解密后的摘要和收到的文件与接收方重新加密产生的摘要对比，如两者一致，则说明传送过程中信息没有被破坏或篡改过。

数字签名技术是不对称加密算法的典型应用。一个数字签名算法主要由两部分组成：签名算法和验证算法。签名者可使用一个秘密的签名算法签一个消息，所得的签名可通过一个公开的验证算法来验证。数字签名应用过程是：数据源发送方使用自己的私钥对数据校验和或其他与数据内容有关的变量进行加密处理，完成对数据的合法"签名"，数据接收方则利用对方的公钥来解读收到的"数字签名"，并将解读结果用于对数据完整性的检验，以确认签名的合法性。

接收方在获得发送方的签名结果后进行签名验证，其具体操作为：接收方获得的数字签名的结果包括数字签名、电子原文和发放公钥，即待验证的数据。接收方首先用发送方给的公钥解密数字签名，导出数字摘要，然后对电子文件原文做同样的哈希算法得到新的数字摘要，将两个摘要的哈希值进行比较，若结果相同，签名得到验证，否则签名无效。

（三）数字签名的分类

1. 直接数字签名

直接数字签名是在数字签名者和数字签名接收者之间进行的。数字签名者用自己的私钥对整个消息或消息的散列码进行数字签名。数字签名接收者用数字签名者的公钥对数字签名进行验证，从而确认数字签名和消息的真实性。另外，可以通过对整个消息和数字签名进行加密来实现消息和数字签名的机密性，加密的密钥可以是签名接收者的公钥，也可以是双方共有的密钥。目前已有的直接数字签名方案存在一个共同的弱点，即数字签名的有效性依赖于数字签名者私钥的安全性。数字签名者可以通过声称私钥丢失等其他原因来否定他的数字签名。

2. 仲裁数字签名

仲裁数字签名是在数字签名者、数字签名接收者和仲裁者之间进行的。仲裁者是数字签名者和数字签名接收者共同信任的。数字签名者首先对消息进行数字签名，然后送给仲裁者。仲裁者首先对数字签名者送来的消息和数字签名进行验证，并对验证过的消息和数字签名附加一个验证日期和仲裁说明，然后把验证过的数字签名和消息发给数字签名接收者。因为有仲裁者的验证，所以数字签名者无法否认他签过的数字签名，解决了直接数字签名中存在的问题，即数字签名者能否定他签过的数字签名。

二、消息认证技术

消息认证技术主要用于保证通信双方的不可抵赖性和信息的完整性。在电子金融服务应用中，对于所发生的业务或交易，我们可能并不需要保密交易的具体内容，但是交易双方应当能够确认是对方发送（接收）了这些信息，同时接收方还能确认接收的信息是完整的，即在通信过程中没有被修改或替换。

消息认证技术根据密码体制的不同主要分为基于私钥密码体制的消息认证和基于公钥密码体制的消息认证两种。下面我们将分别进行简单的介绍。

（一）基于私钥密码体制的消息认证

假设通信双方为 A 和 B。A，B 共享的密钥为 K，M 为 A 发送给 B 的信息。为防止信息 M 在传输信道被窃听，A 将 M 加密后再传送，如图 9-1 所示。

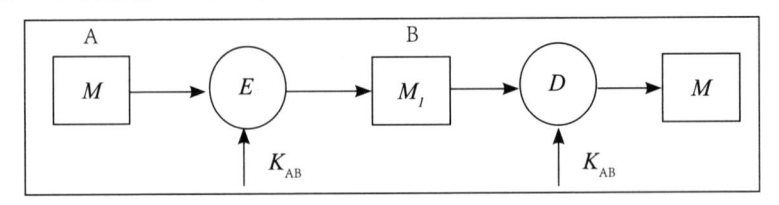

图 9-1 基于私钥密码体制的消息认证

由于 K_{AB} 为用户 A 和 B 的共享密钥，所以用户 B 可以确定信息 M 是由用户 A 所发出的。因此，这种认证方法可以对信息来源进行认证，而且它在认证的同时对"信息"也进行了加密。这种方法的缺点是不能提供信息完整性的鉴别。

通过引入单向散列函数，可以解决信息完整性的鉴别检测问题。

基于私钥的消息认证机制的优点是速度较快，缺点是通信双方 A 和 B 需要事先约定共享密钥 K_{AB}，而且如果用户 A 需要与其他用户进行秘密通信的话，那么用户 A 需要事先与这些用户约定和妥善保存共享密钥，这本身就存在安全问题。

（二）基于公钥密码体制的消息认证

基于公钥密码体制的消息认证技术主要利用数字签名和哈希函数来实现。

三、PKI 技术

公钥基础设施（Public Key Infrastructure，PKI）是一种遵循标准的利用公钥加密技术为电子商务提供的一套安全基础的平台技术。PKI 技术利用公钥理论和技术建立并提供网络信息安全服务的基础设施，它的管理平台能够为网络中所有用户提供所需的密钥管理，用户可以在 PKI 平台上实现加密和数字签名等密码服务。

一般电子金融服务的交易过程都可以在 PKI 所提供的安全服务下进行，从而达到安全、可靠、保密和不可否认性的目的。

一个完整的 PKI 系统应具备以下几个部分。

（1）认证机构（CA）。CA 也称数字证书认证中心，作为具有权威性、公正性的第三方可信任机构，它是 PKI 体系的核心构件。CA 提供网络身份认证服务、负责证书签发及签发后证书生命周期中的所有方面的管理，包括跟踪证书状态且在证书需要撤销（吊销）时发布证书撤销通知。CA 还需维护证书档案和证书相关的审计，以保障后续验证需求。

（2）数字证书库。数字证书又称数字凭证，是用电子手段来证实一个用户的身份和对特定网络资源的访问权限。在网络金融服务交易中，如果双方出示了各自的数字证书，并用它来进行交易操作，那么双方都不必为对方身份的真伪担心。数字证书库（简称证书库）是网上可供公众进行开放式查询的公共信息库，主要对任何一个主体的公钥进行公证，证明主体身份以及它与公钥的匹配关系的合法性。

（3）密钥备份及还原系统。如果用户丢失密钥，会造成已加密的文件无法被解密，针对这一情形，PKI 提供了密钥备份与还原机制。密钥备份和还原只能针对加/解密钥，而无法对签名密钥进行备份。数字签名是用于支持不可否认服务的，有时间性要求，因此不能备份或还原签名密钥。

（4）证书撤销系统。由于用户身份变更或密钥遗失，需要停止对证书的使用，所以 PKI 提供了证书撤销系统，来帮助回收用户对证书的使用权限。证书撤销的实现方法主要有两种。一种是利用周期性发布机制（如证书撤销列表，CRL）进行撤销。另一种是利用在线查询机制（如在线证书状态协议，OCSP）进行撤销。

（5）PKI 应用接口。PKI 研究的初衷就是令用户能方便地使用加密、数字签名等安全服务，因此一个完善的 PKI 必须提供良好的应用接口系统，使得各种应用能够以安全、一致、可信的方式与 PKI 交互，确保安全网络环境的完整性和易用性。

四、身份认证技术

用户在访问电子金融服务系统之前,首先经过身份认证系统识别身份,然后系统根据用户身份和授权情况决定用户是否能够访问某个资源和服务。身份认证的主要任务是检验系统用户身份的合法性和真实性。身份认证通常包括身份识别和身份验证两部分。身份识别是用户向系统出示自己身份证明的过程,身份验证是查核用户身份证明的过程,实质上是查明用户是否具有他所请求资源的访问和使用权。

常用的身份认证方式主要有以下几种。

(一)基于用户名/密码的认证方式

用户名/密码是最简单也是最常用的身份认证方法,它是基于"What you know?"的验证手段,每个用户的密码是由这个用户自己设定的,用户进行登录或者交易时只需要输入正确的用户名和静态密码即可完成系统登录,系统就认为他就是这个用户名和密码的所有者。然而,用户名/密码方式的安全强度较低,因为许多用户为了防止忘记密码,经常采用诸如自己或家人的生日、电话号码等容易被他人猜测到的、有意义的字符串作为密码,或者把密码抄在一个自己认为安全的地方,这存在着许多安全隐患,极易造成密码泄露,即使能保证用户密码不被泄露,由于密码是静态的数据,并且在验证过程中需要在计算机内存中和网络中传输,而每次验证使用的验证信息都是相同的,很容易被驻留在计算机内存中的木马程序或网络中的监听设备截获。因此,用户名/密码方式是一种极不安全的身份认证方式。

(二)基于动态口令的认证方式

动态口令技术是一种让用户的密码按照时间或使用次数不断动态变化,每个密码只使用一次的技术。它采用一种称为动态令牌的专用硬件,内置电源、密码生成芯片和显示屏,密码生成芯片运行专门的密码算法,根据当前时间或使用次数生成当前密码并显示在显示屏上。认证服务器采用相同的算法计算当前的有效密码。用户使用时只需要将动态令牌上显示的当前密码输入客户端计算机,即可实现身份的确认。由于每次使用的密码必须由动态令牌来产生,只有合法用户才持有该硬件,所以只要密码验证通过就可以认为该用户的身份是可靠的。而用户每次使用的密码都不相同,即使黑客截获了一次密码,也无法利用这个密码来仿冒合法用户的身份。但是,如果客户端硬件与服务器端程序的时间或次数不能保持良好的同步,就可能发生合法用户无法登录的问题,而且用户每次登录时还需要通过键盘输入一长串无规律的密码,一旦看错或输错就要重新来过,用户使用非常不方便。

(三)IC 卡认证

IC 卡是一种内置集成电路的卡片，卡片中存有与用户身份相关的数据。IC 卡由专门的厂商通过专门的设备生产，可以认为是不可复制的硬件。IC 卡由合法用户随身携带，登录时必须将 IC 卡插入专用的读卡器读取其中的信息，以验证用户的身份。然而由于每次从 IC 卡中读取的数据是静态的，通过内存扫描或网络监听等技术还是很容易截取到用户的身份验证信息，因此，静态验证的方式还是存在安全隐患。

(四)USB Key 认证

基于 USB Key 的身份认证采用软硬件相结合、一次一密的强双因子认证模式，很好地解决了安全性与易用性之间的矛盾。USB Key 是一种 USB 接口的硬件设备，它内置单片机或智能卡芯片，可以存储用户的密钥或数字证书，利用 USB Key 内置的密码学算法实现对用户身份的认证。基于 USB Key 身份认证系统主要有两种应用模式：一是基于冲击/响应的认证模式；二是基于 PKI 体系的认证模式。

(五)生物特征认证

生物特征认证是指通过自动化技术，利用人体的生理特征和（或）行为特征进行身份鉴定。目前，利用生理特征进行生物识别的主要技术有:指纹识别、虹膜识别、手掌识别、视网膜识别和脸相识别；利用行为特征进行识别的主要方法有:声音识别、笔迹识别和击键识别等。从理论上说，生物特征认证是最可靠的身份认证方式，因为它直接使用人的物理特征来表示每一个人的数字身份，不同的人具有相同生物特征的可能性可以忽略不计，因此几乎不可能出现仿冒现象。但是，目前生物特征识别的准确性和稳定性还有待提高，且成本昂贵，主要适合于一些安全性要求非常高的场合，如银行、部队等，还无法做到大面积推广。

第四节 网络安全技术

一、网络安全需求

对一般用户而言，涉及个人隐私或商业利益的信息尤为重要，在网络上传输时需要受到机密性、完整性和真实性的保护，以免其他人或对手利用窃听、冒充、篡改等手段对用户信息进行损害和侵犯，同时用户信息也不能受到非法用户的非授权访问和破坏。而网络运行和管理者则希望对本地网络信息的访问、读写等操作受到保护和控制，避免出现病毒、非法存取、拒绝服务和网络资源的非法占用及非法控制等威胁，制止和防御网络"黑客"的攻击。通过采用各种技术和管理措施，使网络系统正常运行，从而确保网络数据的可用性、可控性、完整性、保密性、可审查性、可保护性。要为数据处理系统采取技术和管理上的安全保护，保护计算机硬件、软件和数据不因偶然和恶意的原因遭到破坏、更改和泄露。

不同环境和应用的网络安全包括以下几方面的内容：

（1）系统运行安全。系统运行安全主要是保证信息处理和传输系统的安全。它侧重于保证系统正常运行，避免因为系统的崩溃和损坏而对系统存储、处理和传输的信息造成破坏和损失，避免由于电磁泄露产生信息泄露，干扰他人或受他人干扰。

（2）系统信息安全。包括用户口令鉴别，用户存取权限控制，数据存取权限、方式控制，安全审计，安全问题跟踪，计算机病毒防治，数据加密等。

（3）信息传播安全。侧重于防止和控制非法、有害的信息进行传播，避免公用网络上大量自由传输的信息失控。

（4）信息内容安全。侧重于保护信息的保密性、真实性和完整性。避免攻击者利用系统的安全漏洞进行窃听、冒充、诈骗等有损于合法用户的行为。本质上是保护用户的利益和隐私。

网络安全的研究是高技术课题，也是各国亟待解决的重大社会问题，其必将得到足够的重视和更快的发展。国际社会和各国都相继建立了各种学术团体、行政与研究机构以及相应的标准化组织，广泛地开展了计算机网络数据安全的研究。这些研究包括数据安全技术、数据安全标准、威胁机理、风险与评测理论、数据安全的管理与控制、数据安全有关法律、道德规范与教育等，为建立一个安全的计算机网络系统提出了各种对策。

根据对网络安全威胁的分析，可以确定需要保护的网络资源，对资源攻击者、攻击目的与手段、造成的后果进行分析，从而提出网络安全模型，并根据层次型的网络安全模型，提出网络安全解决方案。网络安全防护技术的研究涉及防火墙技术、入侵检测技术与防攻击技术、防病毒技术、安全审计与计算机取证技术，以及业务持续性技术。密码应用技术的研究涉及包括对称密码体制与公钥密码体制的密码体系，以及在此基础上主要研究的消息认证与数字签名技术、信息隐藏技术、公钥基础设施PKI技术。网络安全应用技术研究主要包括IP安全、VPN技术、电子邮件安全、Web安全与网络信息过滤技术等。系统安全的研究则涉及网络的物理安全、操作系统安全与数据库安全等。

二、防火墙技术

防火墙是一种网络安全防护技术，它能将内部网和外部网分开，并且能限制被保护的网络与互联网及其他网络之间进行的信息存取和传递等操作。

（一）网络防火墙组成

防火墙是软件或硬件系统，在两个网络之间实现访问控制。防火墙一般由服务访问政策、验证工具、包过滤和应用网关四个部分组成。

1. 服务访问政策

服务访问政策用以确定受限的网络许可、明确拒绝的服务以及如何使用这些服务及例外条件。通过确定服务访问政策，可以确定如何使用互联网、如何控制外部网络访问等全局性问题，需要强调的是，这种政策是一个部门有关保护信息资源政策的延伸，通常应在部署防火墙前拟定。

2. 验证工具

验证工具用以保护用户的口令等信息免受入侵者监视和盗用。由于防火墙可以集中控制网络访问，因此是安装验证工具的理想场所，虽然许多验证措施也可以应用到每个主机，但把各项验证措施集中于防火墙中实现更切合实际，更便于管理。

3. 包过滤

包过滤的原理在于监视并过滤流入流出的IP包，拒绝发送可疑的包。过滤的依据主要包括IP源地址、IP目的地址、封装协议、TCP/UDP源端口、ICMP包类型等。其功能主要包括从属服务过滤和独立于服务的过滤。对基于特定端口的远程连接进行过滤是从属服务过滤的典型例子，而独立于服务的过滤可以有效阻止地址欺骗攻击、源路由攻击、残片攻击等。

4. 应用网关

为了克服包过滤的某些弱点，防火墙需使用应用软件来转发和过滤网络服务的连接，这种应用称为代理服务，相应的系统即应用网关。具有应用网关特征的防火墙具有更高的安全性和灵活性。

防火墙一方面对经过它的网络通信进行扫描，过滤掉一些可能攻击内部网络的数据，另一方面可以关闭不使用的端口，能禁止特定端口通信，封锁特洛伊木马。它可以禁止来自特殊站点的访问，从而防止来自不明入侵者的所有通信。

（二）防火墙的分类

在包交换网络里，单个消息被划分为多个数据块，这些数据块称为包，它包含发送者和接收者的地址信息。这些包然后沿着不同的路径在一个或多个网络中传输，并且在目的地重新组合。防火墙按照其分析网络包的协议深度可分为三种：包过滤型防火墙、应用代理型防火墙和状态监测防火墙。

包过滤型防火墙工作在 OSI 网络参考模型的网络层和传输层，它根据数据包头源地址、目的地址、端口号和协议类型等标志确定是否允许通过。只有满足过滤条件的数据包才被转发到相应的目的地，其余数据包则被从数据流中丢弃。

状态监测防火墙检查的包内容不局限于 IP 包头，而是深入到更高层协议。状态监测防火墙具有跟踪 TCP 连接的能力，可记录每个连接的状态，根据这些信息对包进行过滤，并且采用动态设置包过滤规则的方法，避免了静态包过滤所具有的问题。这种技术后来发展成为包状态监测技术。状态多层检测允许检查 OSI 七层模型的所有层以决定是否过滤，而不仅仅是网络层。目前很多公司在它们的包过滤防火墙中都使用状态多层检测，也称为基于内容的过滤。

应用代理型防火墙工作在 OSI 的最高层，即应用层。其特点是完全"阻隔"了网络通信流，通过对每种应用服务编制专门的代理程序，实现监视和控制应用层通信流的作用。

（三）防火墙的实现技术

1. 包过滤技术

基于协议特定的标准，路由器在其端口能够区分包和限制包的能力叫包过滤。包过滤技术是在路由器技术的基础上出现的，因此包过滤防火墙在网络层上工作，根据一组过滤规则（访问控制表），逐个检查 IP 数据包中的源地址、所用端口、协议状态等因素，确定是否允许通过，通常包过滤防火墙简称为屏蔽路由器。

包过滤防火墙（屏蔽路由器）与普通路由器虽然在系统结构上是一致的，但是它们有其他方面的区别。一般说来，普通路由器只对数据包的 IP 报文进行处理，将数据包通过最佳路由器转发出去，对传输层报文不进行任何处理；而屏蔽路由器不仅处理数据包的 IP 报文，同时还要检查 TCP 报文的端口号字段。因为包过滤规则一般是基于 IP 和传输层头部的字段，其内容通常包括：源/目的 IP 地址、源/目的端口号、协议类型、协议标志、服务类型和动作。因此屏蔽路由器不仅将数据包转发到指定的目的网络中，还要决定它应不应该转发。要进行转发的关键是根据指定的包过滤规则，首先对接收的数据包进行分析，按照每一条过滤规则加以判断，符合转发规则的包被转发，不符合规则的包将被丢弃。

2. 代理服务技术

代理服务是运行在防火墙主机上的一些特定的应用程序或者服务器程序。它是基于软件的，和过滤数据包的防火墙、以路由器为基础的防火墙的工作方式稍有不同。代理服务也称链路级网关或 TCP 通道，也有人将它归于应用级网关一类。它是针对数据包过滤和应用网关技术存在的缺点而引入的防火墙技术。

代理防火墙对互联网暴露，又是内部网络用户的主要连接点。代理程序将用户对互联网络的服务请求依据已制定的安全规则向外提交。代理服务替代了用户与互联网络的连接。在代理服务中，内外各个站点之间的连接被切断了，都必须经过代理方才能相互连通。代理服务在幕后操纵着各站点间的连接。

代理服务器是客户端/服务器的中转站，代理服务器必须完成的功能：能够接收和解释客户端的请求；能够创建到服务器的新连接；能够接收服务器发来的响应；能够发出或解释服务器的响应并将该响应传回给客户端。

3. 状态检测技术

状态检测技术采用的是一种基于连接的状态检测机制，将属于同一连接的所有包作为一个整体的数据流看待，构成连接状态表，通过规则表与状态表的共同配合，对表中的各个连接状态因素加以识别。这里动态连接状态表中的记录可以是以前的通信信息，也可以是其他相关应用程序的信息。与传统包过滤防火墙的静态过滤规则表相比，状态检测技术具有更好的灵活性和安全性。状态检测防火墙是包过滤技术及应用代理技术的一个折中。

状态检测的根本思想是对所有网络数据建立"连接"的概念，既然是连接，必然是有一定顺序的，通信两边的连接状态也是按一定顺序进行变化的，就像打电话，一定要先拨通对方电话才能振铃。防火墙的状态检测就是事先确定好连接的合法过程模式，如果数据过程符合这个模式，则说明数据是合法的，否则就是非法数据，应该丢弃。如果数据包不属于一个已建立的连接，数据包与连接状态表不匹配，那么防火墙会检查数据包是否与它所配置的规则集匹配。大多数状态检测防火墙的规则仍然与普通的包过滤相似。也有的状态检测防火墙对应用层的信息进行检查。

状态检测技术具有非常好的安全特性，它使用了一个在网关上实行的网络安全策略的软件模块，称为检测引擎。检测引擎在不影响网络正常运行的前提下，采取抽取有关数据的方法对网络通信各层实时监测。检测引擎将抽取的状态信息动态地保存起来，作为以后执行安全策略的参考。检测引擎维护一个动态的状态信息表，并对后续的数据包进行检查，一旦发现任何连接的参数有意外的变化，连接就被终止。

三、计算机病毒防范技术

（一）计算机病毒的相关认识

计算机病毒是一种人为编制的特殊程序，具有自我复制和传播的能力，它能通过某种途径潜伏在计算机的存储介质（或程序）里。当达到某种条件时即被激活，通过修改其他程序的方法将自己的精确复制或可能演化的形式放入其他程序中，从而感染其他程序，对计算机软硬件资源进行破坏。

传染性是计算机病毒最基本的特性，也是病毒赖以生存的繁殖条件，如果计算机病毒没有传播渠道，则其破坏性小，扩散面窄，难以造成大面积流行。计算机病毒必须要"搭载"到计算机上才能传染系统，通常它们是附加在某个文件上。

计算机病毒的传播主要通过文件复制、文件传送、文件执行等方式进行，文件复制与文件传送需要传输介质，文件执行则是病毒传染的必然途径。

计算机病毒的完整工作过程一般应包括以下几个环节：①传染源：病毒总是依附于某些存储介质。例如，U盘、硬盘等构成传染源。②传染媒介：病毒传染的媒介由工作的环境来定，可能是计算机网，也可能是可移动的存储介质，例如，U盘等。③病毒激活：指将病毒装入内存，并设置触发条件，一旦触发条件成熟，病毒就开始作用——自我复制到传染对象中，进行各种破坏活动。④病毒触发：计算机病毒一旦被激活，立刻就发生作用，触发的条件是多样化的，可以是内部时钟、系统的日期、用户标识符，也可能是系统一次通信等。⑤传染：病毒的传染是病毒性能的一个重要标志。在传染环节，病毒复制一个自身副本到传染对象中。

（二）计算机病毒的检测方法

分析计算机病毒的特性，可以看出计算机病毒具有很强隐蔽性和极大的破坏性。因此在日常生活中如何判断病毒是否存在于系统中是非常关键的工作。

1. 特征代码法

特征代码法早期被应用于 SCAN、CPAV 等著名病毒检测工具中。国外专家认为特征代码法是检测已知病毒的最简单、开销最小的方法。

特征代码法的实现步骤如下：首先，采集已知病毒样本，病毒如果既感染 COM 文件又感染 EXE 文件，对这种病毒要同时采集 COM 型病毒样本和 EXE 型病毒样本。其次，在病毒样本中抽取特征代码。依据如下原则：抽取的代码比较特殊，不大可能与普通正常程序代码吻合。抽取的代码要有适当长度，一方面维持特征代码的唯一性，另一方面又不要有太大的空间与时间的开销。如果一种病毒的特征代码增长 1 字节，要检测 3000 种病毒，增加的空间就是 3000B。在保持唯一性的前提下，尽量使特征代码长度短些，以减少空间与时间开销。在既感染 COM 文件又感染 EXE 文件的病毒样本中，要抽取两种样本共有的代码。将特征代码纳入病毒数据库。最后，打开被检测文件，在文件中搜索，检查文件中是否含有病毒数据库中的病毒特征代码。如果发现病毒特征代码，由于特征代码与病毒一一对应，便可以断定被查文件中感染有何种病毒。

特征代码法的优点是检测准确快速，可识别病毒的名称，误报警率低，依据检测结果可做解毒处理。特征代码法的缺点是不能检测未知病毒，需搜集已知病毒的特征代码，费用开销大，效率低。

2. 校验和检测法

大多数的病毒都不是单独存在的，它们大都依附或寄生于其他的文档程序，所以被感染的程序会有档案大小增加的情况或者档案日期被修改。这样防毒软件在安装的时候可以自动将硬盘中的所有档案资料做一次汇总并加以记录，将正常文件的内容计算其校验和，将该校验和写入文件中或写入别的文件中保存。在每次使用文件前，检查文件现在内容算出的校验和与原来保存的校验和是否一致，因而可以发现文件是否被感染，这种方法叫校验和法。

运用校验和法查病毒采用三种方式：首先，在检测病毒工具中纳入校验和法，对被查的对象文件计算其正常状态的校验和，将校验和的值写入被查文件中或检测工具中，而后进行比较。其次，在应用程序中，放入校验和法自我检查功能，将文件正常状态的校验和写入文件本身中，每当应用程序启动时，比较现行校验和与原校验和的值，实现应用程序的自检测的最后，将校验和检查程序常驻内存，每当应用程序开始运行时，自动比较检查应用程序内部或别的文件中预先保存的校验和。

校验和法的优点是方法简单，能发现未知病毒，被查文件的细微变化也能发现。校验和法的缺点是发布通行记录正常态的校验和，会误报警，不能识别病毒名称，不能对付隐蔽型病毒。

3. 行为监测法

利用病毒的特有行为特征来监测病毒的方法，称为行为监测法。通过对病毒多年的观察、研究，有一些行为是病毒的共同行为，而且比较特殊。在正常程序中，这些行为比较罕见。当程序运行时，监视其行为，如果发现了病毒行为，立即报警。

行为监测法的优点是可发现未知病毒，可相当准确地预报未知的多数病毒。行为监测法的缺点是可能误报警，不能识别病毒名称，实现时有一定难度。多态性病毒每次感染都改变其病毒密码，对付这种病毒，特征代码法失效。因为多态性病毒代码实施密码化，而且每次所用密钥不同，把染毒的病毒代码相互比较，也无法找出相同的可能作为特征的稳定代码。虽然行为检测法可以检测多态性病毒，但是在检测出病毒后，因为不知病毒的种类，所以难以做消毒处理。

（三）计算机病毒的技术防范

1. 加强使用者的防范意识

由于操作人员防范意识过于薄弱，造成许多本可以预防的病毒入侵计算机，因此增强操作者的安全防范意识，是防止计算机信息感染病毒和信息失窃的重要环节。日常工作中，大部分操作人员的计算机安全防范意识薄弱，存在侥幸心理。要预防这些情况的发生，首先就要加强操作者的安全意识，从单位内部加强对使用者安全意识的灌输，定期组织安全意识学习及计算机使用的培训，加大计算机安全宣传，避免造成不可挽回的后果。

使用者的防范失误包括如下几点：操作计算机时离开岗位，不及时退出业务系统，致使用口令限制用户登录失去了意义；操作后没能及时地将存储介质从计算机上拔下来；设置的开机或登录口令简单，不符合规定或不定期更改；人员调离或兼职后没有及时对口令或登录密码进行删除和重设；凭个人关系相互间进行串岗操作，造成一人知多号或多人用一号；没能定期使用杀毒软件对计算机进行自检；对来往的邮件没有先进行安全检测再使用；上网时没有开防火墙；只要自己能使用就安全的观念很普遍，计算机不进行定期病毒查杀，只会在计算机出现问题时才想起是否感染病毒，结果计算机病毒通过信息交换而导致其他计算机也感染病毒等。

2. 建立多层次、立体的网络病毒防护体系

在网络环境下仅对单台计算机病毒进行检测及清除是徒劳无功的，必须将整个网络看作一个整体，同时进行检测和清除。因此，需要建立多层次、立体的病毒防护体系，做到远程安装、集中管理、统一防病毒策略、统一病毒防护。在每个台式机上安装台式机的反病毒客户软件。在服务器上安装基于服务器的反病毒软件，如采用防火墙技术。在 Internet 网关上安装基于 Internet 网关的反病毒软件，并且各种防病毒软件要做到最快的升级。这样就做到从工作站到服务器、网关的全面保护，才能保证整个企业网不受计算机病毒的侵害。具体措施主要有：

安装使用计算机病毒预警监测系统，实时掌握网络病毒传播情况；及时从软件

供应商下载、安装安全补丁程序和升级杀毒软件；新购置的计算机和新安装的系统，一定要进行系统升级，保证修补所有已知的安全漏洞；必须使用高强度的口令，并经常变更各种口令；关闭不必要的端口和服务；选择、安装经过公安部认证的防病毒软件，定期对整个系统进行病毒检测、清除工作；加强对内网的整体安全防范措施，如使用防火墙、防病毒网关；加强对内网内部各系统的安全防护措施，如安装使用个人防火墙、防病毒软件；空闲计算机不要接入互联网；注意保护各类敏感信息，防止泄密；加强对各类账号的管理，可采用键盘保护产品；设置显示所有文件和已知文件类型的扩展名；定期检查系统配置和关键文件是否正确；阻断邮件的附件；对电子邮件中的 URL 地址，不要轻易点击访问，防止网络钓鱼；正确配置、使用病毒防治产品。

3. 规范计算机操作行为

首先，不使用来历不明的软件，在使用移动存储设备之前应先查杀病毒，对一些来历不明的邮件及附件不要打开，并尽快删除，不要上一些不太了解的网站，尤其是那些有着诱人名称的网页，更不要轻易打开，这些必要的习惯会使计算机更安全；经常升级操作系统的安全补丁，定期到微软网站去下载最新的安全补丁或是设置自动更新，以防患于未然；使用复杂无序的密码，有许多网络病毒就是通过暴力破解的方式攻入系统的，因此使用复杂无序的密码，将会大大提高计算机的安全系数。

其次，及时将受感染的计算机脱离网络，当计算机发现病毒或异常时应立即切断网络，然后尽快采取有效的查杀病毒措施，以防止所处的局域网内计算机受到更多的感染；安装正版专业的防病毒软件进行监控，用户在安装反病毒软件后，应该时时升级至最新版本，并定期查杀计算机，将杀毒软件的各种防病毒监控始终打开；安装正版的网络防火墙，安装较新版本的网络防火墙，并随系统启动一同加载，可以防止大多数黑客进入计算机偷窥、窃密或安置黑客程序。

最后，关闭或删除系统中暂时不需要的服务，操作系统在默认安装情况下，大多会安装一些辅助服务，如 FTP 客户端、Telnet 和 Web 服务器，这些服务为攻击者大开方便之门，而又对用户没有太大用处。如果删除它们，会大大减少被攻击的可能性；定期优化、整理磁盘，对于重要的数据信息要加密而且经常备份，以便在机器遭到破坏后能及时得到恢复。尽管病毒和黑客程序的种类繁多，发展和传播迅速，感染形式多样，危害极大，但是还是可以预防和查杀的。计算机病毒及其防御措施都是在不停地发展和更新的，因此应做到认识病毒，了解病毒，及早发现病毒并采取相应的措施，从而确保我们的计算机能安全工作。

第五节　防范风险的安全技术

风险是指在某一特定环境下，在某一特定时间段内，某种损失发生的可能性。金融风险指的是与金融有关的风险，如金融市场风险、金融产品风险、金融机构风险等，是一定量金融资产在未来时期内的预期收入遭受损失的可能性。一家金融机构发生的风险所带来的后果，往往超过对其自身的影响。金融机构在具体的金融交易活动中出现的风险，有可能对该金融机构的生存构成威胁；具体的一家金融机构因经营不善而出现危机，有可能对整个金融体系的稳健运行构成威胁；一旦发生系统风险，金融体系运转失灵，必然会导致全社会经济秩序的混乱，甚至引发严重的政治危机。

一、电子金融风险的类型

电子金融的特点决定了其与传统金融业具有不完全相同的风险影响及引发这些风险的因素。因此，除了具有传统金融业经营过程中存在的流动性风险、市场风险和利率风险等之外，电子金融还存在着其他风险。

（一）一般风险

（1）流动性风险。流动性风险指资产在到期时不能无损失变现的风险。当电子金融机构没有足够的资金满足客户兑现电子货币或结算要求时，就会面临流动性风险。一般情况下，电子金融机构常会因为流动性风险而恶性循环地陷入信誉风险中。

（2）市场风险。市场风险是指因市场价格变动，金融机构资产负债表内外的资产与负债因为各项目头寸不一样或资产组合不合适而遭受损失的可能性。市场风险包括商品价格风险、利率风险、汇率风险等。

（3）利率风险。利率风险指电子金融机构因利率变动而蒙受损失的可能性。

提供电子货币的电子金融机构因为利率的不利变动，其资产相对于负债可能会发生贬值，电子金融机构因此将承担相当高的利率风险。

（二）业务风险

（1）法律风险。法律风险来源于违反相关法律规定、规章和制度的可能性，或者来源于有关交易各方的法律权利和义务的不明确性。电子金融业务牵涉到的商业法律，包括消费者权益保护法、财务披露制度、隐私保护法、知识产权保护法和货币发行制度等。

（2）信誉风险。信誉风险主要源自电子金融自身，可能来自电子金融出现巨额损失时，或是在电子网络金融的支付系统出现安全问题时，社会公众难以恢复对电子金融交易能力的信心，使金融机构无法建立良好的客户关系。一旦电子金融提供的虚拟金融服务品种不能满足公众所预期的水平，且在社会上产生广泛的不良反应时，就形成了电子金融的信誉风险。

（3）市场信号风险。市场信号风险指由于信息不对称导致的电子金融机构所面临的不利选择和道德风险引发的业务风险。如由于电子金融机构无法在网上鉴别客户的风险水平而处于不利的选择地位，网上客户利用他们的隐蔽信息和隐蔽行动做出对自己有利但损害电子金融机构利益的决策，以及由于不利的公众评价使得电子金融机构丧失客户和资金来源的风险等。

（三）系统风险

（1）操作风险。操作风险指来源于系统重大缺陷而导致的潜在损失的可能性。操作风险可能来自网络金融机构客户的疏忽，也可能来自网络金融机构安全系统和其产品的设计缺陷及操作失误。操作风险主要涉及网络金融机构账户的授权使用、网络金融机构的风险管理系统、网络金融机构与其他金融机构和客户间的信息交流、真假电子货币的识别等。

（2）技术选择风险。任何电子金融机构都必须选择一种技术解决方案来支撑网上业务的开展，因而存在所选择的技术在解决方案设计上可能出现缺陷，从而被错误操作的风险。例如，在与客户的信息传输中，如果电子金融机构使用的系统与客户终端的软件不兼容，那么，就存在着传输中断或速度降低的可能。当各种网络金融的解决方案纷纷出台，不同的信息技术公司大力推荐各自的解决方案时，金融机构选择与哪家公司合作，采用哪种解决方案来进行网络金融业务的开展，都将存在一种潜在风险。

二、电子金融风险的特点

（一）风险扩散速度加快

高科技的网络技术所具有的快速远程处理功能，为便捷快速的金融服务提供了强大的技术支持，但也加快了支付清算风险的扩散速度。网络内流动的并不是现实货币资金，而是数字化符号信息，因此当风险在非常短的时间内爆发时进行预防和化解甚为困难。一旦局部市场出现网络金融风险,将很难像传统市场那样通过政策调控手段加以控制。

(二)风险监管难度提高

网络金融的交易过程通过网络完成,交易的虚拟化使金融业务失去了时间和地域的限制,交易对象变得模糊,交易过程更加不透明,致使金融风险产生的形式更加多样化。由于被监管者和监管者之间的信息不对称,金融监管机构难以准确了解金融机构资产负债的实际情况,难以采取针对性的、切实有效的监管手段。

(三)风险"交叉传染"的可能性增加

网络金融中物理隔离的有效性正在大大减弱,金融业和客户的相互渗入和交叉,使金融机构间、国家间的风险相关性日益提升,网络金融风险"交叉传染"的可能性大大增加。随着混业经营的发展趋势,网络金融正打破在国内由来已久的分业经营局面,非金融机构也在涉足"类金融业务",传统金融机构则在大势推动下也积极地探索新的业务形态,形成错综复杂的关系。未来网络金融某个领域爆发风险,其影响将远远超过想象。

(四)金融危机的突发性和破坏性加大

网络时代,一些超级国际金融集团可以利用国际金融交易平台进行大范围的国际投资与投机活动。这些集团熟悉金融监管法律与法规,能利用相关的法律、法规的差异及漏洞逃避金融监管,加之拥有先进的通信设施和巨额资金,有一定能力操纵市场、转嫁危机,这些都加大了金融危机爆发的可能性和突然性。

(五)引起网络金融风险的因素扩大

网络金融机构提供的金融服务都是通过网络进行,除了金融系统本身,系统外部的因素也会引起金融风险。如网络金融业务从业者经营状况、管理水平,市场操作层面也是不确定因素的主因。日常运营中,网络金融系统的安全与金融风险的相关度更高。来自外部的影响,则可能是这种风险的主因。现实的情况是,目前面临的外因来源、影响路径和影响范围都已多元化,后果也更严重。

三、电子金融风险管理方法

(一)评估风险

评估风险是一个不断进行的过程,是管理和监控风险的前提,它通常包括如下三个步骤:①通过分析来识别风险,管理人员应该对风险做出合理的、防御性的判断,包括风险对金融企业的影响（包含最大可能的影响）和这类事件发生的可能性。②高级管理人员在对特定问题发生时金融企业能够承受的损失进行评估的基础上确定金融企业的风险承受能力。③金融企业管理人员将银行的风险承受能力与风险大小评估相比较，以确定风险是否在金融企业的承受能力之内。

网络金融服务业中潜在的、与技术相关的风险及其快速变化的特征加大了金融企业识别风险的难度。如何正确、及时地认识与技术相关的风险，将是金融企业面临的一大难题。

（二）管理和控制风险

在对风险进行评估之后，金融企业应该采取恰当的步骤来管理和控制风险。风险管理程序应该包括：实施安全策略与安全措施；系统的评估与升级；采取措施来控制和管理外包风险；信息披露和客户培训；制订应急计划等。

安全性依赖于金融企业是否针对内部运行、与外方之间的通信制定并实施了恰当的安全策略和安全措施（通俗地讲，安全策略就是设定安全性的目标；安全措施就是实现这些目标的手段）。安全措施通常包括加密、认证机制、防火墙、病毒控制机制、雇员监管等。

（三）监控风险

监控风险是风险管理程序的一个重要方面。系统测试和审计是其中两个要素。系统测试将有助于发现异常情况，避免出现严重的系统故障或中断，而审计为发现系统不足和减少风险提供了一种重要的、独立的控制机制。

四、第三方电子支付的风险防范

目前很多第三方支付平台客观上已经具备银行的某些特征，第三方机构开立支付结算账户，提供支付结算服务，它们可能为非法转移资金和套现提供便利，形成潜在的金融风险。

（一）第三方电子支付的风险

1. 虚拟货币发行

虚拟货币是由私人机构发行的"货币"，它的主要功能是代替货币定义现金的流通，其对金融体系的影响主要集中在以下几个方面。

（1）第三方支付事实上从事金融业务，影响现实金融体系，法律应明确规定主体性质为非银行金融机构，从而将其纳入金融监管体系中，同时，因其性质的复合性，所以，应同时明确各监管机构的监管职责范围。

（2）第三方支付基于虚拟网络，许多关于金融控制的假设都不再成立，货币发行多元化、违法手段隐蔽化和用户人群随机化，使得金融风险多样化、复杂化，而且难以控制。

（3）在第三方支付竭力摆脱银行依附的斗争中，发行虚拟货币，主动向社会公众吸收资金是其一种不可遏制的集体冲动。在目前的规模下，虚拟货币的流通受限，但已对现实金融产生了冲击。

（4）Q币等虚拟货币商家可无限发行，虚拟货币代替人民币成为网上交易的一般等价物，必会冲击我国的金融秩序。

2. 在途资金占用

作为一个有资金流动的支付系统，第三方支付系统中也存在着在途资金，并且由于第三方支付系统支付流程的独特性，其在途资金也呈现出了不同的特点。在银行支付系统中，在途资金的产生来自银行业务处理的异步以及周转环节，并且其产生可以通过一定的手段尽量避免，而在第三方支付系统中，支付流程是资金先由买方到第三方平台，等支付平台得到买方确认授权付款或到一定时间默认付款后，再经第三方平台转手给收款方，这样的支付流程就决定了支付资金无论如何都会在第三方支付平台作一定时间的支付停留后成为在途资金，从而使支付系统本身受到一定程度的影响。

（二）第三方电子支付的风险防范

为了保证第三方支付系统中支付信息的保密性、正确性、完整性和可靠性，需要在网络上建立具有保护功能、检测手段、攻击反应和事故恢复能力的完善的安全保障体系，这里涉及的安全技术有以下几项。

（1）虚拟专用网。即指在两个支付系统间建立的专用网络，适合于电子数据交换（EDI）。还可在网中使用较复杂的专用加密和认证技术，以提高支付的安全性。

（2）加密技术。即采用数学方法对原始的支付信息再组织，使得加密后在网络上公开传输的支付信息对于非法接收者来说成为无意义的文字，而对于合法接收者，因为其掌握了正确的密钥，可以通过解密过程得到原始信息，这样可以防止合法接收者之外的人获取系统中机密的支付信息。

（3）认证技术。认证是为了防止非法分子对电子货币支付系统的主动攻击的一种重要技术，在SET协议的工作流程中最主要的环节就是认证，现在认证也被引入SSL体系之中。

（4）防火墙技术。防火墙是在内部网和外部网之间界面上构造的保护层，并强制所有的连接必须经过此保护层，在此进行检查和连接，只有授权的支付信息才能通过。防火墙技术可以防止非法入侵，并对网络访问进行记录和统计，当发生可疑事项时，防火墙还能够报警并提供网络是否受监测和攻击的详细信息。

第六节 网络安全监管

金融监管是金融监督与金融管理的复合称谓。金融监督是指金融监管当局对金融机构实施全面的、经常性的检查和督促，并以此促使金融机构依法稳健地经营、安全可靠和健康地发展。金融管理是指金融监管当局依法对金融机构及其经营活动实行的领导、组织、协调和控制等一系列的活动。网络金融安全监管应该是金融管理部门对电子金融的业务经营机构实施的全面的、经常性的检查和督促，并以此促使金融机构依法稳健地经营、安全可靠和健康地发展。

一、网络安全监管的目的

网络金融安全监管的目的与传统金融监管相比变化不大，依然是四个主要方面。

（1）维护银行间公平有效的竞争。各国金融监管当局应该创造一个适度的竞争环境，这种适度的竞争环境既可以经常保持银行的经营活力，同时又不至于引起银行业经营失败，破产倒闭，导致经济震动。为此中央银行金融监管要为银行业创造一个公平、高效、有序竞争的环境。

（2）保护存款人的利益。加强网络银行的监管，使存款者能确保自己应得的那部分利益。

（3）确保金融秩序安全。金融业是一个庞大的网络系统，它们之间存在着密切联系。因此一家系统出了问题很可能引起连锁反应，导致一系列银行和金融机构经营困难，所以中央银行金融监管的首要目标就是要维护金融体系的安全和稳定。

（4）保证中央银行货币政策的顺利实施。货币政策是当今各国宏观调控的主要手段，以银行金融业为中介，以中央银行为实施主体。中央银行对网络金融的监管应该要有利于货币政策的顺利执行，发行电子货币要有利于金融业对中央银行的调节手段及时准确地传导。

二、网络安全监管的原则

（一）依法监管的原则

依法监管的原则包括两重含义：一方面网络金融机构同样必须纳入国家金融管理当局的监督管理，要有法律保证；另一方面管理当局实施监管必须依法而行，否则难以保持管理的权威性、严肃性、强制性和一贯性，也就不能保证监管的有效性。

（二）合理适度竞争原则

竞争是市场经济条件下的一条基本规律，是优胜劣汰的一种有效机制。金融管理当局的管理重心应放在创造适度竞争环境上，既要避免造成金融业高度垄断，排斥竞争，从而丧失效率与活力，又要防止出现过度竞争、破坏性竞争，从而波及金融业的安全和稳定，引起社会经济生活的剧烈动荡。为此，网络金融监管的目标应是创造一个公平、高效、适度、有序的竞争环境。

（三）自我约束与外部强制相结合的原则

外部强制管理得再严格、再规范，也是相当有限的，如果管理对象不配合、不愿自我约束而是千方百计设法逃避、应付对抗，那么外部强制监管也难以收到预期效果，相反，如果将希望单纯地放在网络金融机构本身自觉自愿的自我约束上，则很难有效避免种种不负责任的冒险经营行为与道德风险的发生。因此，要把创造自我约束环境和加强外部强制管理有机地结合起来。

（四）经济效益与安全稳健相结合的原则

要求网络金融机构安全稳健地经营业务是金融监管的目的，为此所设的金融法规和一系列指标体系都应着眼于金融业的安全稳健运行及风险防范。但网络金融的发展毕竟在于满足社会经济高速发展的需要，追求发展就必须讲求效益。因此，金融监管必须将切实地防范风险同提高网络金融机构的效益协调起来。

此外，金融监管当局还应注意如何顺应不断变化的市场环境，跟踪网络技术的发展，对过时的监管内容、方式、手段等及时进行调整。

三、网络安全监管的措施

（一）完善法律和司法制度

完善法律和司法制度有两层含义：一是建立和健全各种相关的网络金融机构法

律及管制措施，二是形成确保这些法律及管制措施得以执行的执法系统。

我国国内网络金融机构采用的基本上是类似会员守则这样的协议来约束客户的行为。网络金融机构首先向客户说明其权利和义务以及与银行的关系，协议的签署以客户自愿为原则，这种协议没有真正的法律约束力。我国已经在新的《中华人民共和国合同法》中承认电子合同与纸张式的书面合同具有同等的法律效力，但是，数字签名的技术问题及相应的制度还没有解决或建立起来。这样，按照现有中国的法律制度，数字签名不具有法律效力，在纸张上签名才具有法律效力。然而，美国和新加坡等国家已经明文规定数字签名与手写签名具有同等的法律约束力，从而使当地的虚拟金融服务市场得到一个被法律有效保护的发展空间，并不断创造出新的虚拟金融产品。对于网络金融机构的破产、合同执行情况、市场信誉、网络金融机构资产负债情况和反欺诈行为等方面，政府制定的网络金融法或管制条例可以起到一定的作用。但是，有效的网络信息市场上的信息披露制度能够将各种可能诉诸法律的事件降低到相当低的水平。因此，在政府制定的各种法律及管制措施中，对违规的网络金融机构的惩罚莫过于在网络上公布其"劣迹"，这将是管制当局对违规网络金融机构的最高惩罚之一。

（二）健全非现场监管体系

金融交易的虚拟化使金融活动超越了时空限制，交易对象变得难以明确，交易时间和速度加快，现场监管的难度将会加大，非现场监管将愈加显示出其重要作用。非现场监管具有覆盖面宽、连续性强的特点，通过非现场监管有利于发现新问题、新情况和对现场监管的重点提出参考意见，有利于信息的收集并对金融机构潜在问题提出预测、预警。非现场监管的这种特点将使其成为网络金融环境中的一种有效的监管方式。

金融监管当局要逐步从现场稽核监管为主转到将现场稽核监管和非现场稽核监管相结合，并逐渐转到以非现场稽核监管为主的轨道上来，拓宽非现场稽核的检查面，缩短检查周期，把事后稽核监管转变为事前稽核监管，为现场监管提供预警信号。实现金融机构的业务信息系统与监管当局监测系统的联网，使数据转换接口标准化，建立科学的监控指标体系，由计算机将大量的金融业务数据进行自动分析，综合评估金融机构内部业务发展的风险状况，以达到非现场稽核监管高效准确的目的。网络金融机构应及时向社会公众发布其经营活动和财务状况的有关信息，良好的信息披露制度可以促使投资者和存款人对其运作状况进行充分的了解，影响他们的投资和存款行为，发挥社会公众对网络金融机构的监督制约作用，促使其稳健经营和控制风险。网络上的虚拟金融服务需要有不断创新的信息披露方法来维持有效的信息监管。

（三）确立权威、统一的监管主体

在网络金融条件下，金融监管主体由多主体向统一主体转变，统一进行监管将成为一种自然的要求。由于不同类型的金融机构在开展网络金融业务方面存在相互交叉，一些业务按传统的方法很难划定其所属的业务类型。在这种情况下，多个监管主体的模式，要么形成监管重复，要么造成监管真空，同时也将加大被监管者和社会公众的交易成本。统一的监管主体不仅可以提供一个公平一致的监管环境，使被监管者避免不同监管机构间的意见分歧和信息要求上的不一致，而且使公众在与金融机构发生纠纷时，有明确的诉求对象。在统一的监管主体下，监管客体也由仅包括金融机构，扩展到同时涵盖一些提供资讯服务的非金融机构。网络金融和电子货币的发展，使得一些非金融机构开始提供诸如支付中介、投资理财顾问等金融或准金融业务，从而使金融监管的范围随之扩大。监管的重点，由资产负债和流动性管理转向金融交易的安全性和客户信息的保护。

（四）加强金融监管的国际性合作与协调

从根本上说，网络经济的实质是信息化、全球化和一体化，随着网络在世界范围内的延伸，从长远来看，各国监管当局都将面临跨国性的监管业务，对此，仅靠单个国家的力量是无法达到既保护本国居民的利益，又保持金融市场的对外开放原则的，金融监管的国际性协调显得日益重要。它要求管理当局要建立与国际体系中其他金融体制相适应的新规则和合乎国际标准的市场基础设施。由于网络金融是一种无须跨国设立分支机构即可将业务伸向他国的全新的金融组织形式，因此，国际金融监管合作的内容和形式必须根据这种特点而展开。

（五）健全线上财富的管理措施

线上财富管理应与线下财富管理相统一。针对正规金融，对金融机构线上业务与线下业务的监管应遵循同样标准；针对民间金融，对其线上业务与线下业务的监管应遵循同样标准。标准相同，是指监管的水平、力度相同，但并不意味着针对二者的所有监管项目与监管手段完全一致。可以通过政策鼓励互联网金融的发展，但监管机构不宜通过行政手段为互联网金融企业设立背离公平竞争宗旨的额外义务或免除主要责任，人为地在二者间划定鸿沟。在制定与互联网金融相关的法律、法规时，应秉持平等与公平正义原则，找准风险来源，区分金融风险与互联网风险，对线上互联网金融平台加以适当性义务。

从内部监管的角度看，一方面，应鼓励行业协会自律监管。首先，其具有较强的专业性，熟悉金融市场规律与金融活动的运作。其次，与政府监管相比其更具灵活性，更贴近市场经济规律，通过制定行业行为规范可实现自我约束，从而进行自我保护。另一方面，要完善平台内控机制。P2P平台业务种类的特殊性，决定了其必须建立严格的内部控制机制，依据不同的运营方式分别制定详细的操作规范，从而规范从业人员的行为，确保平台运营稳定、安全。

从外部监管的角度看，由于网贷平台经营业务的区域性和地方化色彩非常强，一旦出现问题，带来的冲击和影响将具有地域性，因此要强化地方政府的监管职能，同时建立中央与地方的信息沟通机制和备案制度。

参考文献

[1] 牛丽娟.数字金融与经济高质量发展：理论分析与实证检验[J].西南民族大学学报（人文社会科学版），2023，44（01）：125-138.

[2] 陈文书.数字金融驱动商业银行经营创新的理论机理与实证研究[J].经济研究导刊，2022（35）：64-68.

[3] 李杏，高登云，尹敬东.数字金融是否改善了居民收入结构？：基于"长尾"理论的视角[J].江苏社会科学，2022（06）：118-127+243.

[4] 刘广州，刘婧.数字金融赋能绿色创新的理论与实证：来自地级市的经验证据[J].武汉金融，2022（09）：50-60.

[5] 廖珍珍，茹少峰.数字金融发展对二氧化碳排放增减叠加效应的理论分析与实证检验[J].经济问题探索，2022（09）：117-132.

[6] 李晓栋，万诗婕.数字金融对劳动力的就业结构效应：理论与检验[J].经济与管理评论，2022，38（04）：113-123.

[7] 崔传浩.数字普惠金融对居民消费升级的影响研究[D].山东工商学院，2022.

[8] 辛丽.数字金融对农村家庭消费的影响研究[D].贵州大学，2022.

[9] 黄大徐.数字金融对农户多维相对贫困的影响研究[D].贵州大学，2022.

[10] 徐璜楠.互联网供应链金融科技平台"盛业资本"运作模式的探究[D].广州大学，2022.

[11] 吴美瑄.数字金融发展对家庭金融资产配置多样性的影响[D].山东财经大学，2022.

[12] 金祥义，张文菲.数字金融发展促进了中国企业出口吗？：理论机制和中国证据[J].南开经济研究，2022（04）：81-99.

[13] 王霄，邱星宇，叶涛.数字金融能提升民营企业创新吗？：基于动态能力理论的实证研究[J].南京财经大学学报，2021（06）：45-55.

[14] 黄奇帆.发展面向实体产业的数字金融，创新服务中小微企业的金融模式，是"十四五"中国金融理论与实践创新的重要路径[J].数据，2021（09）：4-9.

[15] 马芬芬, 付泽宇, 王满仓. 数字金融、融资约束与企业全要素生产率：理论模型与工业企业经验证据[J]. 人文杂志, 2021（07）：69-79.

[16] 丁楠, 黄婧. 新公共管理理论视角下数字金融服务适老化面临的挑战及对策建议[J]. 北方金融, 2021（07）：45-47.

[17] 陶云清, 曹雨阳. 数字金融与城乡收入差距：理论模型与微观证据[J]. 金融学季刊, 2021, 15（02）：17-35.

[18] 滕磊. 数字普惠金融视角下中小企业融资约束问题研究[D]. 四川大学, 2021.

[19] 张勋, 杨桐, 汪晨, 万广华. 数字金融发展与居民消费增长：理论与中国实践[J]. 管理世界, 2020, 36（11）：48-63.

[20] 李小玲, 崔淑琳, 赖晓冰. 数字金融能否提升上市企业价值？：理论机制分析与实证检验[J]. 现代财经（天津财经大学学报）, 2020, 40（09）：83-95.

[21] 钱海章, 陶云清, 曹松威, 曹雨阳. 中国数字金融发展与经济增长的理论与实证[J]. 数量经济技术经济研究, 2020, 37（06）：26-46.

[22] 刘畅. 辽宁省农村地区数字金融个人使用意愿的影响因素分析[D]. 大连工业大学, 2020.

[23] 傅昌銮, 王玉龙. 数字金融的发展及其对相关经济理论与实践的影响[J]. 统计与管理, 2020, 35（03）：30-33.